DE LA QUESTION

DU TRAVAIL

OU

SOLUTION PROPOSÉE

PAR

UN TRAVAILLEUR SANS OUVRAGE.

« Tu travailleras à la sueur de ton front !.. »

L'ÉCRITURE-SAINTE.

« C'est ce que nous demandons tous...... »

LES TRAVAILLEURS DE 1848.

Prix : 75 Centimes.

PARIS,

CHEZ GUILLAUMIN ET Cᵉ, LIBRAIRES,

RUE RICHELIEU, Nᵒ 14.

1848.

TABLE DES PRINCIPALES MATIÈRES.

AUX TRAVAILLEURS.

L'idée d'écrire ce livre ne m'est venue que lorsque j'ai vu les républicains près de détruire leur ouvrage, parce qu'ils ne pouvaient pas s'entendre sur la question du travail.

Je l'offre aux travailleurs mes frères, comme le résumé d'études déjà fort anciennes, que la révolution de 1848 n'a fait que rajeunir d'à-propos.

Concourir à l'intelligence de la question du travail, sinon à sa solution véritable, est ma seule prétention.

Gagner, par ma sincérité, la sympathie des travailleurs qui souffrent, est la récompense que j'envie le plus.

Salut et fraternité.

Louis LATY.

Entrepreneur d'usines à gaz.

15 Juillet 1848.

DE LA QUESTION

DU

TRAVAIL,

OU

SOLUTION PROPOSÉE

PAR

UN TRAVAILLEUR SANS OUVRAGE.

INTRODUCTION.

J'entreprends de prouver que la *question du travail* a été mal résolue dans les formules officielles de *droit au travail* et de *garantie du travail*.

Qu'une solution conciliante et progressive se trouve tout naturellement au bout de la question, lorsqu'elle est bien définie et qu'on la pose avec sincérité.

Que cette solution utilise rationnellement tout ce qui existe et ne détruit rien de ce qui existe ; qu'en conséquence elle réussît à améliorer pratiquement.

Enfin, que l'amélioration proposée est prélude et non obstacle à des améliorations consécutives ; et qu'elle porte en elle l'heureuse probabilité de rallier en ce moment tous les travailleurs dissidens.

Je démontre que, en tous cas, la question du travail ne saurait rester plus longtemps flottante et, en quelque sorte, arbitraire ; ce qui signifie qu'un principe dominant et générateur doit lui être érigé, sans plus de retard, pour le salut de la France.

Quant aux voies et moyens que j'aurai à indiquer, ils ne sont ni absolus ni personnels ; ils sont même en partie déjà appliqués par le pouvoir républicain, ainsi que chacun pourra s'en convaincre ; donc, le champ restera presque libre pour les combinaisons empiriques affectionnées par les hommes pratiques et pour les propositions des novateurs.

—

Mon *point de départ* est celui-ci :

Les gouvernemens les plus bienveillans ont fait pour le travail et pour les prolétaires *« ce qu'ils ont pu ; »* mais s'ils l'ont fait, ça été parce qu'ils l'ont *bien voulu, quand ils l'ont voulu,* et *comme* ils l'ont voulu.

Ma *démonstration* va être qu'il y a nécessité de faire, obligation de faire, devoir et possibilité de bien faire.

La *conclusion* à tirer de mon livre sera celle-ci :

Les gouvernemens devront faire « tout ce qui est nécessaire et possible » mais ils le feront en raison de la nécessité de faire, parce qu'ils doivent le faire, quand il conviendra de le faire, et autant qu'ils pourront le faire.

—

Toute démonstration risquant de demeurer indécise, si, dès le début, le sens des mots substantiels n'a pas été précisé, je vais tout droit à cette simplification.

—

Je n'entends point m'occuper de la question du travail chez les peuplades sauvages, ni chez une grande nation qui n'a qu'à reculer ses frontières pour accroître incessamment la masse de ses récoltes.... Le temps n'est pas venu pour elles d'envisager cette question comme nous autres Européens.

Mon exposé, d'ailleurs, ne s'adresse qu'à la France républicaine.

EXAMEN DE LA QUESTION.

DU MOT TRAVAIL.

Dans cet opuscule, le mot *travail* exprime à la fois la *nécessité* du travail sur la te re, et le *droit* ou le *devoir* attribuable à tout être humain de vivre en travaillant ou de travailler pour vivre, s'il n'est ni enfant ni invalide.

La femme et l'homme sont égaux devant le travail.

Ainsi entendu, le *travail* constitue l'élément de vitalité le plus important à développer régulièrement dans toute société qui aspire à se perpétuer avec ordre, liberté et bonheur.

DE L'ÉLÉMENT DU TRAVAIL.

Le travail est une nécessité.

Cette *nécessité* n'est ni facultative ni transitoire ; elle est forcée, permanente ; elle est l'impôt manifeste dont il a plu à Dieu de frapper sa créature la plus parfaite, en premier acquit du don de perfectibilité qu'il lui a dévolu.

Pour l'individu, le travail c'est le pain ; c'est l'honneur, l'amour et la paix dans la famille ; c'est la vie ellemême ; enfin, c'est la condition de sa soumission à la loi (1).

Il suit de là fatalement qu'une société étant formée, il ne lui est pas possible de vivre en paix pendant qu'une partie de ses membres manque du travail nécessaire, d'où le devoir ou la contrainte pour elle d'assurer le tra

---

(1) Le rentier oisif représente le travailleur prévoyant en retraite.—Il ne produit plus, mais il consomme ; et s'il est riche, il est d'une grande utilité sociale pour les arts, le luxe et toutes les fantaisies d'une civilisation avancée.

vail nécessaire à tous, si elle veut respecter l'espèce, maintenir l'ordre intérieur, et conserver la force nationale du pays.

Le *travail* est donc une nécessité individuelle, politique et sociale tout à la fois.

FORMULES TROUVÉES AU TRAVAIL.

A ce sujet, on a parlé de droits et de devoirs ; cela était juste ; mais il fallait définir autrement qu'on l'a fait.

Le mot *droit* ni le mot *devoir*, pris isolément, n'exprimant pas la *nécessité* qui nous domine tous de travailler, ne saurait jalonner d'une ligne correcte le problême qui embarrasse tant nos hommes politiques et dont la solution, cependant, est la condition *sine quà non* de l'ordre public et de la sécurité des riches.

La définition de *droit au travail* est à la fois incomplète et abusive. Sa mise au jour, en 1848, prouve plus de bonne volonté que de réflexion. Il lui sera répondu, avant peu, « qu'à l'impossible nul n'est tenu !!! » et alors ?... Du reste, l'illusion était permise, et j'avoue que l'étude seule l'a dissipée à mes propres yeux, non dans le sens que je lui attribuais, mais dans la portée qu'elle pourrait avoir.

Celle de *garantie du travail* est vicieuse ou excessive, selon qu'on l'entend ; elle n'est qu'une variante de l'autre.

Celle de *organisation du travail*, bien qu'elle soit plus rationnelle que les deux premières, et qu'elle ait un sens complet, n'a causé, jusqu'à présent, que des malentendus.

Et, en effet, *le droit au travail* et la *garantie du travail*, disent beaucoup de gens, préexistaient à 1848, et ils ont raison sans pouvoir donner tort à leurs adversaires. — Quant à l'*organisation du travail*, elle a toujours eu, et elle a encore sa manière d'être, qui est le produit amoncelé des siècles ; et, aujourd'hui même, cette organisation se présente à nous avec l'ascendant d'un fait uniformément consommé tout autour du globe, auquel les soixante dernières années de liberté semblent avoir donné la contenance du défi !

Donc, *le droit au travail, la garantie du travail, et l'organisation du travail* ne sont pas des formules qui correspondent exactement aux besoins de la solution dans le nouvel état des esprits.

Je ne m'appesantirai pas sur *l'égalité des salaires*, dont la calomnie, malheureusement, a fait curée tout au moins autant que la bonne foi ; ce principe, ou plutôt ce blasphême, a fait plus de mal à la France qu'un blocus de ses frontières ou qu'un séquestre mis sur le travail. Une égalité comme celle-là serait destructive de la famille d'abord, parce que le célibataire y aurait intérêt plus que l'homme marié, et elle serait, en outre, un combat absurde livré à la nature elle-même, laquelle n'a *voulu* faire ni deux brins d'herbe absolument semblables, ni deux hommes dont les appétits ne différassent pas en beaucoup de points. Autant vaudrait-il décréter que la taille humaine sera la même pour tous les individus ! Y a-t-il quelqu'un qui entende ainsi l'égalité ?

Je vais essayer de préciser la question du travail ; mais qu'on me permette, à ce sujet, quelques digressions ; elles sont indispensables pour la justification du principe que je cherche à faire prévaloir ; et, en tous cas, elles abrégeront beaucoup, à titre de motifs, la mise en pratique que j'aurai à proposer plus tard.

DROITS ET DEVOIRS SOCIAUX.

Je dirai d'abord que, dans chaque société humaine, tout individu a nécessairement *des droits* à exercer et *des devoirs* à remplir vis-à-vis de cette société ; et que, à son tour, la société a nécessairement *des droits* à exercer et *des devoirs* à remplir vis-à-vis de tout individu. Cela n'a pas besoin d'être écrit dans une charte ; cela est.

J'appellerai cela *mutualisme dans les droits et les devoirs*, ou plus simplement *mutualité sociale*, ou plus simplement encore *mutualité*.

Or, la mutualité ne peut pas rester purement *facultative*, parce que le refus ou la négligence de l'une des parties léserait l'autre et la révolterait. Il faut donc l'instituer juste et la déclarer *exigible*, parce que, à ce titre seulement, elle sera capable de répandre le bien-être matériel possible, et de produire la satisfaction morale nécessaire ; partant, d'assurer la paix parmi les hommes.

Peu de contradicteurs se présenteront pour renverser cet exposé.

La religion, je le sais, voudrait qu'on s'en tînt à prêcher la charité ; mais la religion n'a de pouvoir reconnu que sur les âmes, et, du reste, nous voyons la charité constamment submergée par l'abondance des besoins ; d'où l'impossibilité, pour la société, de se contenter des dons volontaires, alors même que les principes républicains consentiraient à faire fléchir la dignité humaine devant l'aumône, ce qui ne doit plus être.

On simplifierait bien toute la question, le canon aidant, si l'on supprimait la devise républicaine ; mais nul n'y songe, et tant que cette devise subsistera, elle nous conduira tous, bon gré mal gré, vers la mutualité sociale ; eh ! dès lors, je le demande, ne vaut-il pas mieux y aller tout de suite, guidés par le cœur et la raison ?

Mais je reviens :

Je dirai donc que la religion fait son devoir en prêchant (1), mais que la société ne s'acquittera du sien

____

(1) Rassurez-vous, âmes compatissantes, que je révère ; si parfaite que la société parvienne à s'instituer, votre bienfaisance aura toujours à s'exercer abondamment parmi les hommes !

qu'en *imposant*.

Au surplus, analysons davantage afin de nous mieux entendre.

Tout être humain qui vient au monde, au milieu d'une société organisée, y contracte, par ce seul fait, divers devoirs :

1° Celui de consommer des alimens pour vivre, car la société ne reconnaît à personne le droit de se suicider ni de détruire un germe ;

2° Celui de consommer des vêtemens, car la société interdit aux pauvres, non moins qu'aux riches, de blesser la pudeur ;

3° Celui de consommer une habitation, car la société suspecte les vagabonds, et elle les punit ;

4° Celui de braver la mutilation et la mort pour elle, car la société fait une obligation à tout homme de défendre l'ordre au dedans et l'indépendance aux frontières ;

5° Celui de travailler, car la société ne saurait vivre elle-même, sans les produits incessamment renouvelés du travail humain, — et ceci est tellement vrai, que s'il arrivait qu'une trop grande quantité d'individus voulût cesser de travailler, en vertu du droit de liberté individuelle, la société se verrait tenue d'exiger, à titre de *devoir*, le travail personnel qui n'était qu'un droit *facultatif* ; et, certes, la société n'y manquerait pas, dominée qu'elle serait par la loi de sa propre conservation, qui est primordiale et irrésistible ici bas.

Ces droits de la société sur l'individu sont nécessaires. Personne que je sache ne les conteste. Je les résumerai d'un mot en disant *que l'homme, en naissant, reçoit de la société l'ORDRE de travailler pour consommer.*

Mais, à son tour, l'individu qui n'a rien, lorsque les autres ont tout, n'a-t-il pas le droit de réclamer de cette société les moyens de lui obéir, c'est-à-dire d'accomplir sa mission, intellectuellement et physiquement ?

Intellectuellement, pour comprendre et pratiquer comme il convient ses devoirs d'être pensant et de citoyen ?

Phys quement, pour obéir d'abord à la loi de Dieu qui l'a fait naître, ensuite à la loi de son pays qui requiert, quand et comme il veut, le concours de ses forces et de son courage, enfin et toujours à la loi providentielle qui a *imposé* à l'humanité le travail des champs et de l'atelier, sous peine de périr de faim, de froid et de misère ?

Je sais que la controverse n'est pas impossible sur ces deux derniers points. Je sais que, en effet, Malthus, entré autres économ stes, a écrit depuis longtemps « que la » vie est un banquet où les premiers venus prennent » leur part, et d'où ils peuvent expulser les retardatai- » res » mais je répudie cette école anti-chrétienne, et je ne lui conseillerai pas d'expérimenter indéfiniment sa doctrine sur les retardataires de 1848 (1),

D'ailleurs, ce qui prouve qu'elle est fausse, c'est que les prolétaires se sont révoltés plusieurs fois, aidans ou aidés, et que, sous la menace de renverser la table du banquet, il leur a déjà été *promis* la garantie du travail, au nom même des premiers venus de Malthus.

Des cas analogues pourront donc se représenter, et ce serait folie de croire que les plus tôt las de ces combats seront les affamés qui attendent à la porte.

Mais que faire alors ?

Je réponds d'un mot : Mutualiser !

Et j'ajoute : *Mutualiser en vertu d'un principe qui oblige et qui éclaire.*

La liberté individuelle, la sécurité des fortunes, la vie sociale, sont à ce prix.

DES NOVATEURS.

Des moyens neufs, ou plutôt de savantes abstractions

---

(1) Ceci était écrit avant les journées de juin.

spéculatives ont été proposées en grand nombre pour une régénération de l'humanité. L'école saint-simonienne dans ses *capacités*, l'école de Fourier dans ses *attractions*, l'école de Proudhon dans sa *banque d'échange*, l'école de Pierre Leroux dans son *analyse philosophique*, M. Louis Blanc lui-même, qu'on est convenu d'abominer, ainsi qu'une foule de novateurs, ont déjà publié d'excellentes choses ; mais quand ces excellentes choses n'auraient que le défaut d'être inconnues des masses et d'être mal interprétées par ceux qui occupent les sommités sociales, d'être, par conséquent, irréalisables en 1848, j'estime qu'à cause de ce seul défaut, la société actuelle, prise en bloc, aurait le droit de répondre à leurs auteurs : « Vous ne faites pas mon affaire. »

C'est qu'en effet la société ne veut et ne peut consentir à chacune de ses phases, même révolutionnaires, qu'à un simple mouvement en avant ; — c'est que la société, si soumise qu'elle paraisse à un pouvoir nouveau, ne peut se conformer qu'à un progrès de situation, à un progrès essentiellement dépendant du milieu appelé à la discuter et à l'appliquer, à un progrès enfin qui corresponde non pas tant aux besoins sentis qu'à l'intelligence, aux habitudes, aux facultés, au loisir même des sociétaires ; ce qui équivaut à dire que le procédé le plus parfait ne peut se substituer aux procédés en usage chez un peuple qu'à la condition d'améliorer, sans suspendre la vie sociale, dont le travail est l'aliment nécessaire, et il n'en saurait être autrement, parce que la société ressemble à un homme qui, ayant sa vie à gagner chaque jour, ne peut écouter les inventeurs que d'une oreille et n'essayer leur procédé que d'une main, en même temps qu'il assure, tant bien que mal, comme il sait, ses repas de la journée et son gîte du soir.

Voilà ce que les réformateurs qui édifient une société

dans leur cerveau ou selon leur cœur ne considèrent jamais d'assez près. Honneur à eux, cependant, car en fervens explorateurs ils épargnent à l'humanité bien des faux pas sur la route ! Peut-être même, l'un d'eux, Fourier le phalanstérien , a-t-il entrevu la forme la plus favorable aux populations agricoles ; aussi n'insisté-je, à l'égard d'eux tous, que sur cette objection capitale, à savoir : Qu'il n'est donné à aucun génie de faire adopter par un grand nombre d'hommes un mode de bonheur déterminé d'avance , ce mode fût-il le plus rationnel, parce que le Temps entend rester le principal maître de toutes les institutions humaines, et que *l'esprit de progrès expie toujours par la réaction la faute de s'être trop précipité.* N'oublions donc jamais ce phènomène social, et ne croyons pas que l'intensité des souffrances ni la force de leur explosion expriment la mesure obligatoire des soulagemens qu'il est possible d'apporter au mal.

Hélas ! non, les douleurs peuvent être grandes et les cris nous fendre l'âme ; mais la guérison n'en sera pas moins lente et incomplète, et cela fatalement, comme si cette loi nous venait d'en haut.

Améliorer sans déperdition de capital ni de temps, progresser comme le fait l'alluvion, est donc la seule chose possible pour une société ; et encore, cela même est-il déjà fort difficile et beaucoup plus méritoire qu'on ne l'accorde ; toutefois, j'ajouterai avec confiance et bonheur que la forme républicaine démocratique est plus capable qu'aucune autre d'élargir généreusemênt les moyens et d'accélérer des résultats heureux. S'il n'y avait pas réussite, j'en accuserais les hommes du pouvoir et je garderais ma foi dans la forme.

L'amélioration *ne peut être que graduelle et proportionnelle aux facultés existantes ;* j'insiste sur cette formule.

Mais pour qu'une amélioration quelconque soit équitable, logique, indiquée d'une manière certaine, et acceptée de tous, il est indispensable de la faire procéder d'un principe immuable et imposant, qui lui soit antérieur et qui la commande.

Ce principe, s'il est juste et vrai, portera en lui-même le germe de toutes les améliorations qui auront à se succéder indéfiniment ; et alors chaque époque improvisera, sans erreur, l'amélioration qui lui sera le plus appropriable, parce qu'elle n'aura qu'à interroger ses *besoins* et à peser ses *facultés*, pour que la *solution possible* se présente en quelque sorte d'elle-même.

J'aborde maintenant les explications et les formules plus particulières qui me paraissent devoir régir la question du travail, et la conduire progressivement aux solutions pratiques dues à chaque époque, suivant les besoins et les facultés existantes.

Le travail est une nécessité sociale.

Tel est mon frontispice et ma condition de principe.

Cette nécessité est permanente, inéludable ; elle domine et jugule l'humanité, dont elle résume les conditions de vie sur la terre.

L'évidence de cette nécessité jaillit de l'histoire même et prétend à maîtriser tous les systèmes.

En voici trois preuves succinctes :

Si cette nécessité est intégralement satisfaite, la société prospère ; — l'individu est heureux ; — l'un et l'autre grandissent et se fortifient ; — l'ordre règne !

S'il n'est satisfait qu'incomplétement ou défectueusement à cette nécessité, l'agitation pourchasse l'ordre ; — la société et l'individu vivent en défiance ; — ils s'incriminent ; — un bouleversement se prépare !

Si le travail s'arrête, le danger n'a plus de limite ; —

car l'anarchie éclate ou mugit ; la société s'énerve, — et l'individu lui-même est bien près de perdre le sens moral !

Bref, le travail, doué comme une sensitive, porte dans ses flancs le thermomètre de l'ordre, qu'il peut élever jusqu'à la fraternité, ou qu'il fera redescendre à tout instant dans le sang.

Vieilles vérités que celles-là ! me dira-t-on. Eh ! sans doute ; mais si elles ont vieilli sous la compression de l'égoïsme et de l'orgueil, sans nous enseigner leur signification réelle, n'est-ce pas raison de les rappeler pour les consulter avec plus de profit ?

On les ignorerait encore sans les cris réitérés de la révolte ! Et cependant, à cette heure déjà fort avancée de notre révolution démocratique, quelle est, s'il vous plaît, leur conclusion acquise ? Quel est leur résultat durable et progressif ? Hélas ! j'ai honte de le répondre : c'est la survivance des mêmes angoisses, c'est encore et toujours le spectre appelé : Demain ! avec ses yeux méfians et sa bouche pleine de menaces.

Ah ! si les ministres du temps passé ont deviné le principe sauveur, nous devons supposer qu'ils n'ont pas osé en faire confidence à la France, et qu'ils l'auront éconduit furtivement de leur propre conscience comme un importun compromettant, parce qu'il ne convenait ni à l'orgueil ni à l'avarice des heureux qui leur composaient une cour, de permettre qu'on proclamât l'orthodoxie d'un principe aussi sain, aussi vigoureux, et dont la lucidité eût percé à jour, pour le peuple attentif, le féodalisme des mesures financières de leur temps.

Ce n'est qu'ainsi qu'on peut s'expliquer qu'à un ordre stable, émanant tout naturellement d'un principe avoué, ces agens de la puissance sociale aient préféré la surveillance armée, toujours prête à sévir, et une domination de caste, adroitement tempérée par l'aumône de quelques institutions charitables.

Mais quand le pouvoir républicain, saturé de ces vérités acharnées, aura osé gravir jusqu'au principe lui-même, « que le travail est une nécessité sociale à laquelle il faut pourvoir, » il ne tâtonnera plus ; il aura son point d'appui inébranlable ; il aura aussi son flambeau et son sceptre.

Il dira alors avec toute autorité que le travail, à son titre de nécessité fondamentale, est un autocrate qu'il faut respecter et consulter ; qu'il est le dispensateur légitime et désigné des devoirs et des droits ; et en termes d'impôt, qu'il est l'inspirateur-né et le rédacteur-élu du budget républicain. Et en effet, quand il s'agira de subsides, le pouvoir républicain, issu du suffrage universel, se fera écouter avec sympathie ou avec soumission, chaque fois qu'invoquant le droit et la nécessité de vivre, de vivre en paix, de vivre en frères, il demandera aux élus de la France de décréter les voies et moyens nécessaires pour assurer le travail, dans la mesure des facultés ou des ressources existantes dans l'État.

Qu'au lieu de tout rattacher à un principe fixe, on continue à se traîner de palliatif en palliatif, dont le précaire est trahi par le nom de *secours*, et nous aurons toujours la douleur de voir le problème flottant dans l'orage, et le prolétariat menaçant de crever la nue !

Quelle perspective pour un peuple de 36 millions d'âmes !

Ah ! de grâce, coupons court à tant de perplexités !

Je le dis, l'adoption d'un principe juste et constitutif peut seule nous sauver tous en nous dirigeant tous.

Ce principe, quelle qu'en soit la formule définitive, devra exprimer les *droits du travail, nécessité sociale.*

Sa véritable place serait dans la constitution même.

Je proposerais de l'y inscrire dans ces termes :

Le travail est une nécessité sociale à laquelle il devra

être pourvu, en tout temps, suivant les besoins et dans la mesure des facultés existantes.

Le droit au travail puiserait tout naturellement à cette nécessité définie par la situation même du moment. L'État et l'individu seraient deux ayans-droit, intéressés à se faire des parts équitables, et ils se les feraient.

C'est en ceci surtout que je m'écarte de la route battue, lorsque je réclame la proclamation d'un principe obligatoire, préalablement aux conséquences bonnes ou mauvaises que la pratique tire accidentellement de ce principe fort mal obéi ou plutôt ignoré.

Mais, cela dit, il faut avoir à l'œuvre des hommes qui comprennent, qui acceptent et qui propagent la vérité, dégagée enfin de toute hallucination trompeuse.

La France a-t-elle ces hommes ? Sans doute qu'oui ; du moins, j'aime à le croire ; mais ce qui est plus certain encore, c'est que les hommes d'État qui la gouvernent ou aspirent à la gouverner, parmi les républicains, forment deux groupes distincts, reconnaissant l'un et l'autre l'urgence du besoin social appelé : *Travail*, et attirés irrésistiblement l'un et l'autre vers la satisfaction due à à ce besoin, mais en divergence complète quant au principe en vertu duquel il doit y être pourvu !

Comme des nautonniers politiques, les uns prennent pour étoile polaire : l'Individu, les autres : la Société.— Nul ne veut céder.

Eh bien ! en ma qualité de voyageur intéressé à un bon itinéraire, je dirai à tous ces hommes entêtés que je les vois gouvernant constamment vers cette direction unique : la *Mutualité*, et qu'en bonne conscience ce n'est plus la peine de pendre de temps à préciser le point nord, lorsque l'aiguille aimantée s'obstine à marquer invariablement : *droits du travail* sur toutes les boussoles.

Simplifier pour discerner mieux et pour mettre plus

vite d'accord les dissidens, dans cette question de salut public, est, on le voit, la tâche que je poursuis.

Je crois, en effet, arriver à une grande simplification en proposant à toutes les écoles la formule de « *droits du travail, nécessité sociale,* » comme l'en-tête doctrinal destiné à nous rallier tous.

J'espère peu des hommes politiques qui conspuent avec affectation le socialisme ; ce sont les conservateurs bornes de la nouvelle république, faits exprès pour la perdre. Mais, pour eux comme pour les progressistes, je place la société et l'individu dans un même cercle que j'appelle : le *Travail*, et je leur dis : « Là sont nos droits, » là sont aussi nos devoirs, puisque là est notre ma- » melle unique !—Décidons-nous à reconnaître ce fait, et, » puisqu'il ne pourra jamais se démentir, érigeons-le en » principe.— Qu'une sainte, mais inexorable mutualité » solidarise à l'avenir toutes nos existences d'une ma- » nière harmonique, et sortons une bonne fois de cette » solidarité difforme et haineuse qui nous fait souffrir » tous des mêmes maux, et ne sait pas nous admettre » tous en partage quand les jouissances abondent. » (1)

Il y a tout un nouveau monde dans cettemanière d'entendre la question du travail.

Mais interrompons-nous un instant.

Une question que je vais m'adresser sur l'utilité de cet opuscule ne sera pas hors de propos !

La *mutualité sociale* et la *nécessité du travail,* telles que je les pose, c'est-à-dire en des termes qui nous appellent tous à un concert d'efforts obligatoires, mais en des termes, cependant, qui ne se prêtent aucunement à des exigences inadmissibles, ont-elles été traitées à mon

---

(1) Il faut à chacun sa part de plaisir comme sa part de labeur (Michel Chevalier, 1848).

point de vue, et mon œuvre ne serait-elle qu'un plagiat?

J'avoue ingénûment que si cela est, c'est à mon insu.

J'ai bien lu de çà et de là diverses combinaisons isolées, plus ambitieuses ou plus modestes, ressemblant à quelques-unes des conséquences que je vais tirer de mon principe ; mais je n'ai vu nulle part le principe lui-même érigé en règle génératrice devant produire ces combinaisons d'une manière naturelle sinon certaine, comme la fontaine fournit l'eau, comme l'arbre porte le fruit, moyennant que l'homme le veuille et que la Providence le permette ; — en sorte que toutes ces combinaisons empiriques, quoiqu'utiles, ne sont pour la société que des fruits artificiels et de hasard exposés à se flétrir quand la première soif sera passée, sans qu'il nous soit légué la moindre graine en vue d'une reproduction prochaine. — Sans doute, ce ne sont pas là des effets sans cause, non ; mais ce sont des fruits sans arbre ; — or, cet arbre, qu'il nous importe d'enraciner en élevant sa cime aussi haut qu'un phare, n'est autre chose que le principe des droits du travail, portant la mutualité et fructifiant par elle.

Mais une crainte m'obsède encore : c'est qu'on se méprenne sur mes véritables intentions, à la grande défaveur de mon système. La routine fait si adroitement le semblant de s'effrayer de tout ce qui la dérange, que je puis bien à mon tour m'effrayer de ses interprétations. Je demanderai donc la permission de professer nettement ce que je suis et ce que je ne suis pas, afin que mes démonstrations et jusques aux tendances de mes principes profitent de cet éclaircissement.

Je ne suis d'aucune école, si ce n'est de l'école éternelle du Christ, patiente, longanime, fraternelle, mais insoumise à l'injustice.

Je suis républicain parce que j'aime l'égalité, et encore parce que les fictions monarchiques n'ont pas su se faire absoudre devant la raison des peuples par la stabilité du bonheur qu'elles leur promettaient.

Je ne suis pas communiste, parce que j'aime la liberté, toujours la liberté, et que le bien-être monastique ne me tente pas.

Dire que je respecte la famille, c'est parler comme le premier et comme le dernier homme, car les droits de la famille sont notre chair et notre âme à tous, à perpétuité.

Je ne discute pas la propriété (1) à une époque où le plus imperceptible lopin de terre et où le moindre pan de mur, soldés depuis longtemps déjà avec les sueurs du travail, ne conservent leur valeur d'estime qu'à l'aide de sueurs nouvelles. Ce que je vois dans la propriété, quelle qu'en soit l'essence visible, c'est une épargne du travail, appui d'un travail subséquent dont les travailleurs seront le levier.

Sous toutes les réserves dues à la morale, et sauf la pondération à introduire dans les moyens matériels d'exécution, je suis partisan de la libre concurrence en industrie et en commerce; partisan d'une production abondante et du bon marché illimité; partisan de l'expansion individuelle la moins contrainte.

Je préconise l'association, et je crois avantageux de l'encourager, de l'aider; mais je ne l'impose à personne d'aucune façon.

Je tends vers le libre échange; mais je le subordonne à la protection due au travail national et aux nécessités du trésor public.

J'accorde que l'argent monnayé est un signe utile; mais je regarde comme un fléau l'importance exagérée

---

(1) Les phalanstériens sont, à mon sens, les socialistes qui ont proposé le moyen le plus judicieux de continuer à démocratiser la propriété immobilière, tout en la douant de la possibilité de s'élever jusqu'à la grande culture.

que le signe a acquise au détriment des valeurs réelles et intrinsèques, faute de mutualité et d'institutions de crédit ; et je mets en demeure nos hommes d'État de réduire dans les bornes de l'utilité cet usurpateur monstrueux qui ruine le monde sous prétexte de l'enrichir. Des titres mobiles, dûment garantis, parviendront à faire justice des abus de l'argent, par le simple effet de la concurrence qu'ils lui opposeront.

Je veux que l'égalité politique et la liberté personnelle soient étendues le plus possible ; mais je distingue essentiellement entre l'homme, sujet de Dieu et citoyen, et les biens terrestres qui lui appartiennent.

L'homme, après avoir accompli ses devoirs sociaux, m'est sacré pour tout le reste, et ne relève plus que de Dieu ;

Tandis que ses biens, simples produits d'un travail antérieur, doivent demeurer soumis à l'impôt et aux transformations légales que la société pourrait avoir à ordonner dans l'intérêt d'un travail nouveau.

Toutefois, c'est à la condition expresse que le suffrage universel aura admis chaque homme à la discussion de la loi par l'intermédiaire de ses élus, et que le principe d'indemnité restera inséparable de celui d'expropriation.

Bien loin de croire que l'instruction donnée à l'ouvrier soit une ennemie qu'on loge dans son amour-propre et un péril de plus que l'on crée à la société, je soutiens que l'instruction est le seul moyen infaillible de soustraire l'ouvrier aux suggestions anarchiques qui égarent sa bonne foi.

Je flétris l'exploitation de l'homme par l'homme, quel que soit l'exploiteur : ouvrier, patron ou agent du pouvoir ; mais je ne pense pas que les faibles puissent échapper à cette exploitation tant que l'État n'aura pas prêté son appui financier au travail par le mécanisme de l'impôt, et que les travailleurs ne se seront pas émancipés au moyen de la prévoyance.

Je ne crois pas à la possibilité de jouir paisiblement du bien mal acquis, si *puissans* ou quelque *nombreux* que soient les détenteurs, c'est-à-dire que je crois au triomphe définitif de toute cause juste.

J'entre en plein maintenant dans les définitions pratiques du Travail et dans l'exposé d'une des solutions possibles.

DES DROITS DU TRAVAIL.

Les *droits du travail*, dérivant d'une *nécessité* qui subjugue l'être collectif non moins que l'individu, s'étendent et s'exercent par mutualité jusqu'à la limite du juste et du possible ; mais ils ne sauraient aller au-delà sans rencontrer leur propre négation.

CONDITION FONDAMENTALE.

Les travailleurs restent libres, et le travail lui-même n'abandonne pas son régime actuel et nécessaire de libre concurrence.

Seulement, il y a lieu de distinguer entre la force brute et la force intellectuelle si l'on veut satisfaire à la liberté, à l'égalité et à la fraternité.

Voici les trois propositions que j'avance comme capables de réaliser les trois termes du dogme républicain :

1º Les forces *naturelles* et inégales de l'intelligence doivent continuer à donner ou à faire perdre la supériorité dans la lutte, en vertu de ce que la disproportion des forces naturelles entre les hommes est un ouvrage mystérieux de la création que nul n'a le droit d'affaiblir, et dont la société a intérêt à bénéficier ;

2º Les forces *matérielles* et inégales d'exécution doivent être équilibrées entre les travailleurs, s'il y a nécessité. Le pot de fer ne doit plus briser le pot de terre ;

3° La *nécessité* sociale du travail exige qu'il y soit pourvu, suivant les besoins, et dans la mesure des facultés existantes, époque par époque, avec tendance vers l'unité harmonique de l'humanité.

En l'état, à cette date démocratique de 1848, qu'y a-t-il à faire ?

Et que peut-on faire ?

Commençons par dire les besoins, et ne nous attachons qu'aux besoins immédiats.

BESOINS ACTUELS.

Pour l'*ouvrier*, les besoins sont de reprendre le travail, dans sa partie, à telles conditions qu'il pourra, et de travailler ensuite sans interruption à un prix qui lui fournira le nécessaire pour lui et pour sa famille. La prévoyance dont je parlerai fera le reste.

Dès que la crise sera passée, je demanderai que le prix du travail de l'ouvrier soit débattu librement, car je nie qu'aujourd'hui le débat soit libre entre l'ouvrier et le patron, et j'affirme que cette circonstance injuste est un ferment de révolte. J'indiquerai ultérieurement le moyen de créer la liberté nécessaire à ce débat ; mais, vu l'urgence, vu l'approche de l'hiver, je conseille la suspension de cette liberté pour le moment.

A propos de l'ouvrier, je dirai un mot de la *journée de dix heures*.

La journée de dix heures peut bien être acceptée comme une règle de droit commun qui suppléera au silence des parties, mais pour rien de plus. Si cette loi prétend à davantage, elle n'est plus rien, ou elle est destructive de toute liberté et de tout travail ; elle ruine l'ouvrier tout le premier et elle ruine ensuite le pays.

En effet, à l'intérieur, elle se neutralise par la réciprocité même entre tous les corps de travailleurs.

A l'extérieur, elle ferme tous les débouchés à la France.

Voyez le bénéfice !

Pour le *patron*, les besoins sont aussi de reprendre le travail, en compagnie des ouvriers qui avaient sa confiance, et d'écouler ses produits.

Mais la crise l'a obéré. L'Etat seul, au moyen de ses nstitutions de crédit, peut l'aider à se relever ; il doit le faire dans l'intérêt public ; il peut le faire sans y perdre.

Je demanderai aussi pour le patron ce que j'entends demander pour l'ouvrier, c'est-à dire la liberté réelle de débattre les conditions de son travail, liberté qui n'existera pas tant que le capital argent dictera la loi au travail, au pouvoir, à tout et à tous.

Pour l'*Etat*, les besoins sont d'assurer l'ordre par l'occupation des travailleurs, et de faciliter la rentrée des impôts par la production du travail.

Pour le *Travail*, son premier besoin est de sortir du doute et d'être soustrait à l'abus.

Ce premier besoin sera satisfait, si l'on consacre les droits sociaux du travail, parce que le crédit suivra de près cette légitimation nécessaire, et qu'alors ce colosse, qui nous écrase tous de sa paralysie, reprendra vie aussitôt, et il transmettra le bien-être partout avec la vitesse de l'électricité.

Nous savons les besoins, inventorions maintenant les institutions existant en faveur du travail.

RESSOURCES ACTUELLES.

Nous avons, en premier lieu, la Banque de France, qui ne peut être utile aux travailleurs qu'à travers l'aval, trop epais pour eux, de la troisième signature, aval toujours difficile à obtenir, dispendieux, fragile, et que le travail ne peut pas continuer à payer sans se condamner à rester stationnaire. Cet aval coûte 2 p. 100 l'an.

Nous avons, en second lieu, les comptoirs d'escompte (création très-heureuse de M. Garnier-Pagès,) mis à la portée de cette classe de travailleurs qui est en situation de fournir deux signatures, à 105 jours, mais qu'il faudra nécessairement élargir beaucoup dans l'intérêt du travail.

Nous avons, enfin, les entrepôts nationaux dont l'utilité n'a encore été comprise que dans fort peu de villes, mais que le perfectionnement des institutions de banque développera successivement.

C'est là tout ce que le travail a à sa disposition.

Cela suffira momentanément, pourvu que les comptoirs d'escompte, fortifiés par l'Etat et par une garantie proportionnelle de toutes les villes intéressées, parviennent à remplir largement leur généreuse mission. (Les villes intéressées au succès d'un comptoir d'escompte sont toutes les villes voisines, et non pas seulement la ville où est le comptoir.)

A défaut d'une exécution suffisante de la part des comptoirs d'escompte, l'Etat devra assurer les facilités de crédit nécessaires aux travailleurs par le moyen de sa garantie spéciale.

Cette proposition m'oblige à dire comment j'entends l'intervention et l'appui de l'Etat.

APPUI DE L'ÉTAT.

L'Etat ne doit jamais *donner*.

Il doit son *appui* lorsqu'on le justifie, mais il ne doit que le *prêter*.

Cet appui ne doit jamais être prêté sans nécessité, et sans justification morale, de la part du travailleur.

Le comité des travailleurs dont je parlerai tout à l'heure serait consulté à ce sujet.

Je repousse les prêts directs par l'État, excepté aux banques qui escomptent ou font des avances sur dépôts de titres. Ainsi, le prêt fait aux entrepreneurs en bâtimens de Paris est une mesure juste et conséquente avec le principe des droits du travail ; mais le prêt n'aurait pas dû être fait directement.

Au lieu du prêt direct, je demande que les prêts de l'État consistent en son aval de garantie, stipulé en faveur de tel ou tel accrédité, soit chez la Banque de France, soit chez les comptoirs d'escompte, soit chez toute autre institution nouvelle de crédit, soit même auprès de maisons particulières de banque.

Le lecteur va comprendre pourquoi.

Il est essentiel, pour la sincérité des prix de revient, qu'une classe de travailleurs ne soit pas exonérée des frais de banque supportés par les autres classes.

Il y a justice également à ne pas priver les banques publiques et particulières de l'agio qui les fait vivre.

Enfin, il est prudent de laisser aux formes usitées en commerce et en banque la force qu'elles puisent dans des lois faites pour elles, et dans des habitudes consacrées dont personne ne demande le changement.

Il est d'autant plus convenable de maintenir cette règle que les perfectionnemens se feront bien plus sûrement si tous les travailleurs sont avertis d'une nécessité quelconque de ce genre par les inconvéniens mêmes qu'ils trouveront dans les formes suivies, parce qu'alors toute nouvelle mesure aura son caractère voulu de généralité.

Pour que l'État puisse prêter son appui aux travailleurs, les accréditer, les garantir enfin auprès de telle ou telle institution de crédit, il faut que l'État ait des ressources disponibles ou qu'il inspire confiance.

Eh bien ! ces ressources ne peuvent être demandées

qu'à l'impôt. L'impôt est le seul point de rencontre, indiqué dans notre organisme social, pour *mutualiser* les besoins et les ressources du travail.

Inutile donc de chercher ailleurs que dans les emprunts faits à l'impôt la pondération des inégalités matérielles sollicitée par le dogme républicain.

Mais, avant de passer au système d'impôt que j'ai à proposer, en ce qui concerne le travail et les travailleurs, je désire répondre d'avance à une objection que je pressens.

« Comment l'État pourrait-il prêter, lorsqu'il a tant de peine à payer ses dettes et qu'il emprunte lui-même à des taux onéreux ? »

Sans doute, une pareille situation ne rend pas la chose facile à l'État ; mais le travail, ai-je dit, est une nécessité ! — Donc il faut y pourvoir !

Et on y pourvoira, malgré la crise, *comme le cultivateur pourvoit à la semence malgré la disette*, parce qu'il le faut !.. et que tous les sacrifices trouvent à se faire sans hésiter lorsqu'il s'agit d'une nécessité qui résume en soi toutes les autres.

En février 1848, cent millions de crédit au travail eussent épargné à la France plus d'un milliard de perte ; — mais il eût fallu pour cela que le Gouvernement provisoire se fût démontré et se fût dit que ces cent millions étaient indispensables. — Alors il les aurait trouvés, et alors l'impôt serait rentré *presque sans peine.* — Tout le monde y eût gagné.

Ce qui a illusionné le pouvoir, ça été l'adhésion unanime de la France à la République.

L'argent seul a su pressentir la crise et l'a ensuite aggravée par son refus de confiance, ce qui n'empêche pas la République de faire sa cour à l'argent et d'attendre de son bon plaisir le salut général.

Je lui prédis qu'elle attendra longtemps.

Au moment où j'écris, la France républicaine paie ce bon plaisir 8 0/0 l'an !

En principe et dans la pratique, l'impôt doit toujours être le moindre possible ; je suis de cet avis.

Mais je n'exempte personne de l'impôt : l'ouvrier le plus infime paie autant que le plus riche capitaliste, proportion gardée.

L'égalité le veut ainsi, la prévoyance l'exige.

L'impôt, pour être équitable, sans mensonge, doit être progressif, en outre de ce qu'il est proportionnel. Bien d'autres que moi le disent.

Les hommes à grandes fortunes se récrieront, mais comme je ferai partir l'exemple des ouvriers eux-mêmes, ces hommes riches finiront par se résigner.

Tout travailleur serait soumis à un impôt proportionnel et progressif, gradué conformément au prix de la journée qui est habituelle dans sa profession.

L'échelle suivante rendra plus palpable la marche à adopter et le but à poursuivre :

1 p. 100,	1 1/2	2 0/0	2 1/2	3 0/0	3 1/2	4 0/0	4 1/2
Sur journées de 1 fr. et au-dessous.	de 1 05 à 2 50	de 2 55 à 4 »	de 4 05 à 5 »	de 5 05 à 6 »	de 6 05 à 7 »	de 7 05 à 8 »	de 8 65 à 9 »

et ainsi de suite.

Mais, dira-t-on, l'ouvrier qu'il s'agit de soulager pourra-t-il supporter ces retenues ? Ne l'accablez-vous pas au lieu de l'alléger ? Je réponds : non ; je l'impose parce que tout citoyen doit être imposé, parce que l'ouvrier, quoique pauvre, veut rester l'égal du riche sous toutes les formes qui correspondent à sa dignité d'homme et de citoyen ; mais, ce qui est plus concluant, c'est que, moyennant cet impôt, je l'émancipe, et que, faute de cet impôt ou de tout autre prélèvement analogue, le prolétariat se perpétue, et la guerre sociale nous côtoie.

Mais, dira-t-on également, cet impôt produira une somme énorme au trésor. — Je réponds encore : cela est vrai ; mais le trésor en aura besoin, et d'ailleurs je réduirai chaque année l'échelle autant que possible sera, pour que le trésor ne prélève jamais que suivant les nécessités réelles du travail.

Au surplus, j'ai deux autres réponses à faire.

A la première objection, « que l'ouvrier serait accablé, » je réplique que le chômage se trouvera presqu'entièrement supprimé pour lui. Or, en l'état, l'année de 365 jours, diminution faite des 55 dimanches et fêtes, semble atteindre à 310 jours travaillans : eh bien ! il n'en est rien. Le chômage forcé réduit d'un quart, bon an, mal an, ces 310 jours, et le chômage volontaire les réduit de davantage encore ; donc, si l'on suppute, d'après cette réalité, l'impôt que le chômage fait actuellement peser sur le journalier, on reconnaîtra qu'il est énorme, qu'il est surtout de très-mauvaise nature ; et je conclus de là que le prélèvement régulier sera toujours fort inférieur au sacrifice qui grève encore aujourd'hui le travailleur, pourvu toutefois que le chômage aille s'annihilant.

Mais ce prélèvement n'appartiendra pas tout à l'État ; il ne sera impôt que pour un quart, et le surplus viendra à constituer pour le travail une Caisse générale de prévoyance ayant deux buts essentiels :

1º La formation d'une caisse active reproductive du travail ;

2º La formation d'une Caisse de retraite.

Ce sera la prévoyance introduite, enfin, d'une manière

normale, dans le régime du travail, plus fructifiante et plus fraternelle que le placement à la Caisse d'épargne.

Ce sera le Travail émancipant les travailleurs ; proclamant sa force, et poursuivant sa régénération naturelle.

Ce sera l'organisation du travail frappée du millésime républicain, et rendue digne de son nom.

Car, je le dis, sans une caisse de prévoyance, alimentée par les travailleurs eux-mêmes : 1° le prix de revient ne peut pas être vrai ; 2° le travail reste l'esclave du capital argent ; 3° les travailleurs n'ont que l'étiquette de la liberté et de l'égalité ; 4° en un dernier mot, le hasard régne, et le veau d'or gouverne.

A la seconde objection, « que le trésor percevra un total énorme, » je fais remarquer que l'État, chargé, au début, d'admininistrer le crédit partout où les ressources existantes ne suffiront pas au travail reconnu nécessaire, et en faveur des travailleurs qui justifieront l'appui de ce crédit ; que l'État, dis-je, chargé également de veiller à l'élaboration et au fonctionnement, tant de la caisse active que de la caisse de retraite, sera appelé à les assister toutes deux et à leur faire des avances ; — qu'en conséquence, la perception de l'État, comptes alignés, ne représentera pas même son dû pendant longtemps.

Lorsque les deux caisses se seront libérées envers l'État, un remaniement sera fait en obéissance d'une nouvelle situation donnée.

Faire fonctionner ces divers ressorts n'est pas aussi difficile qu'on pourrait le supposer.

J'astreins tout Travailleur à avoir, pour chaque année, un livret de libération et de prévoyance.

Le mot *livret*, généralisé, ne saurait raisonnablement blesser aucune susceptibilité ; toutefois, je n'empêche pas qu'on en cherche un autre, pourvu que ce soit le même pour tous.

Sur ce livret sont écrites par les patrons ou les associations qui ont occupé le travailleur, les retenues à lui faites, en exécution de la loi, par journée, semaine, quinzaine ou mensualité.

Un quart de ces retenues appartient à l'État, à titre d'impôt ; il justifie contribuivement le suffrage universel.

Deux quarts reviennent à la Caisse active de reproduction, dont l'ouvrier contribuable est actionnaire de droit et de fait ; et la prévoyance se constitue.

Un quart va à la caisse de retraite, au même titre.

Le patron ou le travailleur isolé sont astreints au livret.

Ils sont taxés conformément au salaire ordinaire de la professsion qu'ils exercent.

J'astreins, en outre, les patrons ou les associations à tenir un livret général qui constate les prélèvemens faits, et à en verser le montant au percepteur.

Un *comité de travailleurs* (patrons et ouvriers), est institué dans chaque localité ou canton.

Il se compose d'au moins dix membres élus annuellement. — Il est présidé par un membre de la municipalité.

Ce comité pourrait englober l'agence des renseignemens et réclamations ; l'agence d'apprentissage, l'agence de placement des travailleurs, la suppléance des patrons ne sachant pas écrire ; toutes institutions que je crois nécessaires, et dont l'intitulé est une définition suffisante.

Au même comité pourraient être dévolus les soins de surveillance, d'avertissement ou même d'initiative que la loi jugerait convenable de déléguer.

Lorsqu'il s'agirait de prêter l'appui de l'état à un travailleur ou à une association, le comité des travailleurs serait tenu de donner son avis motivé. — Le réclamant justifierait la nécessité de l'appui demandé, et il désignerait le but, non les procédés, de son travail.

L'avis de ce comité, suivi de toute autre information des agens publics, serait une consulte à l'usage du ministre pour accréditer les travailleurs chez les comptoirs d'escompte, ou pour motiver ses refus de crédit.

En dernière analyse, les moyens et les garanties seraient facilement inventés dès que le principe régulateur aurait été jugé bon et serait adopté.

Quant aux quotités d'impôt que j'ai proposées dans mon canevas, elles restent modifiables dans tous les sens. On sait que je ne fais dépendre mes solutions que de la Nécessité, et que je subordonne les Besoins eux-mêmes à la Possibilité de les satisfaire. Je ne tiens fermement qu'au principe ; or, les hommes pratiques ne seront pas embarrassés pour trouver les moyens les plus appropriables à chaque situation aussitôt que le principe régnera :

Car, je prie qu'on ne l'oublie pas ! mon principal but est de résoudre la question du *travail, nécessité sociale*, par l'interprétation d'un principe immuable comme cette nécessité, et générateur naturel des solutions nécessaires, après consultation faite des besoins et des facultés existantes.

L'INDIVIDU.

L'appui de l'État à un simple travailleur qui veut rester libre et travailler isolément, doit-il lui être refusé ? Non, sans doute, mais cet appui ne peut consister que dans l'avance des premiers instrumens de travail, n'excédant pas un certain prix, et à la condition de rembourser moyennant des termes. — Dans tous les cas, l'utilité sociale demeure une considération permanente, et le comité des travailleurs doit donner son avis en conséquence.

L'ASSOCIATION.

Quant à l'association, on ne saurait trop l'encourager, à cause des avantages composés que l'État, les travailleurs et le travail y rencontreront.

L'association qui réunirait les chefs d'atelier, les ouvriers et les capitalistes, mais surtout les chefs d'atelier et les ouvriers, mérite le plus de sympathie de la part de l'État.

Toutefois, il ne faut pas s'abuser : l'association est un mot d'avenir plus que de salut présent. — La génération actuelle des ouvriers, habituée dès l'enfance au salaire fixe, peu initiée ou restée étrangère en fait aux obligations et à la dépendance morale que comporte toute association sérieuse, cette génération, je le crains, sera difficilement façonnée au système proportionnel, solidaire et aléatoire, qui est l'essence de toute association et qui en fait le mérite. Cela est triste à avouer, mais cela est : les réclamations que les ouvriers font entendre en faveur de l'association ne m'ont point encore convaincu qu'ils possèdent suffisamment, tous, l'aptitude du participant, la disposition d'esprit et surtout la volonté d'être assidu, qu'il est indispensable d'apporter dans toute association pour qu'elle marche en règle.

Il leur faudra renoncer à festoyer le lendemain de chaque fête, et à céder trop facilement à ces désœuvremens de rencontre, qui jettent le désarroi dans les ateliers, qui font le désespoir des patrons, qui contribuent à l'appauvrissement des travailleurs et qui réagissent finalement sur l'élément du travail. — Une réforme dans les coutumes est toujours difficile ; eh ! comment celle-ci ne serait-elle pas plus difficile encore pour beaucoup de ces hommes, déshérités naguères, que le défaut d'instruction privera pendant encore longtemps des délassemens intellectuels !

On reconnaîtra, à l'œuvre, la vérité mille fois regrettable de mon pronostic.

N'importe, il faut un commencement à tout ; il y aura quelques bons exemples, à Paris principalement ; et ces exemples auront bientôt converti de nombreux imitateurs. L'Etat doit, doit encourager puissamment les associations.

J'ai déjà dit que l'Etat devait *accréditer*, c'est-à-dire *garantir*, mais non pas prêter directement ; — à cela j'ajoute que l'Etat pourrait exiger que toute association fût d'au moins dix membres ; — qu'elle eût à sa tête un chef de fabrication pour diriger le confectionnement, et un comptable pour l'achat, la vente et les écritures.

Ces deux chefs donneraient leurs noms à l'association et seraient responsables vis-à-vis des tiers, dont l'Etat ferait partie. La responsabilité de l'association pourrait être subdivisée entre ces deux chefs et les ouvriers associés, conformément à des accords intérieurs.

Une condition *sine quâ non* de l'appui *de l'Etat* serait dans l'obligation de produire à aussi bon marché au moins que les autres fabricans du même article, et à écouler au cours !

Toute association qui, en vendant au cours, serait perte, devrait être liquidée, à l'égard de l'Etat, comme une opération réputée mauvaise ou mal conduite.

Je n'ai pas besoin de dire que toute association doit être laissée au libre arbitre de ses combinaisons spontanées, sauf à apprécier la demande d'*appui* qu'elle ferait à l'Etat, et à la traiter suivant ses statuts, son but, ses ressources et les garanties morales de ses membres.

TRAVAIL DANS LES PRISONS.

Qu'on me permette de dire un mot, en passant, du travail dans les prisons. Ce travail est indispensable pour la moralisation des prisonniers ; il est utile à la société,

puisqu'il augmente la production ; seulement, la justice
veut que les articles travaillés ainsi ne soient pas ven-
dus en détail, au détriment des marchands patentés.
Qu'y a-t-il donc à faire pour tout concilier ? presque
rien ! c'est de vendre en gros ou demi-gros, par adju-
dications annoncées d'avance et en divers endroits. Les
cours seront ainsi maintenus, et nul n'aura plus le droit
de se plaindre. Ou bien, il faut payer la main-d'œuvre
dans les prisons ce qu'on la paie ailleurs.

TITRES OU PARTS D'INTÉRÊT.

Pour que les associations soient possibles et profita-
bles, il faut que la forme actionnaire soit favorisée et en-
tourée de toutes les garanties qu'appelle la confiance.

Mais, que les hommes d'Etat y songent bien ! l'association elle-même demeurera très-restreinte, et le travailleur aura même un certain intérêt à son indépendance
absolue, tant que l'associé ne pourra pas, dans un moment donné, obtenir moyennant cession ou dépôt de son
titre, les divers objets dont il aurait besoin. Il faut donc
que ce titre soit frappé à l'égal d'une monnaie auxiliaire
et puisse se transmettre tout aussi facilement que l'argent, en passant par des institutions de crédit chargées
de recevoir ce titre à un prix et à des conditions déter-
minés.

Cette difficulté ne sera pas insurmontable, dès qu'on
en voudra sincèrement l'aplanissement. — Les hommes d'Etat, a dit je ne sais quel ministre, ne sont pas
élevés au pouvoir pour faire des choses faciles.

Pour l'Etat, d'ailleurs, qui serait créé garant dans un
assez grand nombre de cas, toute la question gît dans
un compte de *Doit* et *Avoir* soldant par un *Boni social.*

L'ETAT.

Je désire que l'Etat puisse remplir avec toute indépen-

dance son rôle d'*informateur* et d'*accréditeur*. Pour cela
il convient que l'Etat ne soit le concurrent de personne,
et qu'au contraire il s'adonne avec amour à sa fonction
spéciale, qui est de veiller à ce que les forts n'écrasent
plus les faibles, comme par le passé, en ce qui se rap-
porte aux moyens matériels d'exécution seulement, car,
je l'ai déjà dit, la libre concurrence, la lutte intellectuelle
doivent continuer à subsister, dans l'intérêt du développement du traval national, du meilleur marché et de
l'expansion individuelle.

Pour que l'Etat remplisse bien son rôle de protecteur
du travail, nécessité sociale, je crois qu'il est ou sera
indispensable qu'on le laisse ou qu'on le rende propriétaire et maître :

Des télégraphes comme moyen de gouvernement et
d'informations commerciales;

Des routes ordinaires, des voies fluviales et des ca-
naux, comme base impartiale des prix de revient du
travail;

Des chemins de fer dits routes stratégiques, d'abord,
et successivement de tous les autres chemins, comme
base des prix de revient et comme moyen de l'améliorer
pour tous, en temps et lieu ;

Des mines de charbon, comme mamelles industrielles
du travail national ;

Des salines, comme impôt et motrices agricoles ;

D'une certaine quantité de forêts, comme ressource
nationale de diverses applications.

L'Etat ne doit point être exploitant ; mais en sa qualité
de gardien supérieur de tous les intérêts, il doit prévoir
et il pourra prescrire à ses fermiers des conditions et des
prix qui s'adaptent incessamment au développement du
travail national et à la situation du trésor, selon les nécessités et les circonstances.

Toutefois, avant de se déclarer propriétaire, il est juste

que l'État ait satisfait à la loi du rachat. Sa probité, en toutes choses, influera capitalement sur la moralité des travailleurs ; elle facilitera la mutualité ; elle soutiendra le crédit public aux yeux du monde.

Il est trois exploitations qui doivent cependant être conservées à l'État :

1° Celle des télégraphes, inévitablement, pour gouverner et administrer, et pour informer le travail ;

2° Celle des forêts, comme une réserve précieuse à des titres qu'il serait superflu d'énumérer ;

3° Celle des ports de lettres et imprimés, afin que les frais payés par les particuliers puissent être uniformément abaissés, autant que les besoins du trésor public le permettront ; ce qui ne serait pas possible sans le monopole de l'exploitation directe.

LES CAPITALISTES.

Mais, me répondra-t-on, que fera le capitaliste de son argent ?

Il prêtera à l'État, aux particuliers, aux monts-de-piété et aux associations sans nombre qui vont surgir, si l'État sait donner l'impulsion ; — il s'intéressera dans les institutions de crédit ; il en inventera lui-même, s'il veut ; et certes les combinaisons du commerce, qui s'accroîtront considérablement, lui demanderont pendant encore fort longtemps tout son encaisse. Dans tous les cas, on ne saurait le dire trop souvent et trop haut, tant que la société verra l'argent se poser en dictateur capricieux et insaisissable, son droit ou son intérêt social seront de lutter sans relâche contre l'omnipotence de l'argent, au moyen de concurrens sagement organisés. — Des institutions de crédit et des titres garantis sont les premiers concurrens à opposer à l'argent.

Le mot papier-monnaie effraiera sans doute ; on appellera calomnieusement assignat tout ce qui paraîtra sous forme de titre écrit ; mais comme il y aura nécessité de se rassurer, on se rassurera. J'ai, moi, une très-grande foi dans la mise à effet de ce qui s'appelle nécessité ; je parle, en ceci, comme l'argent lui-même.

ASSURANCES.

Bien des gens, même parmi ceux qu'on appelle hommes pratiques, sont partisans de l'assurance par l'État contre l'incendie.

Je suis de leur avis, mais j'ai à expliquer dans quelle latitude.

Si l'État veut créer un impôt et spéculer, je crois qu'il fera mieux de laisser, pendant longtemps encore, cette branche de travail aux compagnies particulières, d'autant plus que cet impôt serait insignifiant.

Mais s'il veut mutualiser l'assurance, l'universaliser au moyen d'une addition à l'impôt qui corresponde aux risques, son droit et son devoir sont de se faire assureur.

Cependant, l'incendie n'est pas le seul fléau qui mette en danger la propriété, nonobstant la surveillance du propriétaire. Il y a la grêle, il y a les épizooties, il y a les inondations, qui ne dépendent pas du propriétaire, et qui, néanmoins, anéantissent trop souvent sa propriété ou sa récolte. Il a donné sa sueur et il n'a plus que des larmes.

Il est juste, il est nécessaire, en République fraternelle, d'obvier à ces malheurs de lèse-égalité et de lèse-fraternité, d'abord en mutualisant les risques et l'indemnité, et ensuite en endiguant les rivières et reboisant les hauteurs.

La société aura fait, je crois, un grand progrès, le jour où chaque homme, abandonné à son libre arbitre et aux forces de sa conception, trouvera égalité dans les points d'appui matériels qui sont nécessaires à un bon travail libre et à la conservation des fruits de chaque labeur, car alors un homme ne sera coupable devant sa conscience, et responsable devant la société, que dans la proportion de son incurie, s'il n'a pas travaillé, veillé et prévu, comme il convenait qu'il le fît, dans la sphère assignée aux facultés humaines.

AGRICULTURE. — INDUSTRIE. — COMMERCE.

C'est à peine si, jusqu'à présent, j'ai rencontré une fois sous ma plume l'industrie agricole ; certes, ce n'est pas elle qui mérite un dédain quelconque : au contraire ; mais pour me rassurer contre toute omission importante, je vais écrire immédiatement les grandes divisions du travail, en les caractérisant au point de vue de l'ordre.

L'Agriculture, industrie des champs, est cette mère un peu trop délaissée, qui réclame notre sollicitude, mais qui patiente. Elle est l'ordre incarné.

L'Industrie des villes est ce travail de l'atelier, dont les souffrances périodiques arrachent des larmes, et qu'il est de notre devoir de soulager avant que le travail ne périsse d'inanité, après avoir mis en danger nos plus grands centres de population. Nul n'est plus voisin du désordre que le travailleur en grève.

Le Commerce est cet agent infatigable des deux autres, qui se charge de l'échange intérieur et du placement à l'étranger, agent ingénieux autant qu'alerte, qui perçoit des commissions exagérées, mais qui peut rendre d'immenses services au travail producteur, s'il est tant soit peu épaulé par les institutions de crédit et par la politique maritime. Le commerce chérit l'ordre par dessus tout....

ARGENT.

Je cherche à classer l'argent parmi les travailleurs, mais je ne sais où le mettre. Pas une place méritée n'existe pour l'argent, lorsqu'on analyse le fonctionnement du travail, et cependant il est le maître du travail lui-même.

Sans la couardise de l'argent, le monde eût épargné la moitié au moins de ses ébranlemens calamiteux.

Signe d'adoption, il est ce qu'il y a de moins indispensable à la vie humaine, et pourtant c'est lui qui se met au plus haut p ix ; il se prétend le moins obligé à servir les autres, et il nous jugule tous : il laisserait mourir un homme de faim sur un sac de blé, ou de froid sur un ballot de laine ; cette anomalie n'est que trop exacte.

L'argent est un capital conventionnel, sans valeur consommable, si ce n'est chez l'orfèvre ; — il n'est qu'un parasite, un serviteur tout au plus dans le travail, puisqu'il n'est pas indispensable ; — Eh bien ! Voyez-le à l'œuvre, maintenant ! Rien n'égale l'importance qu'on l'a laissé prendre :

L'agriculture n'obtient rien de l'argent. L'argent ne prête qu'au sol, à moins qu'on ne veuille appeler prêt cette usure immonde qui ronge nos campagnards jusqu'aux os ; —Or, faute d'argent, l'agriculture est oppressée.

L'industrie n'obtient presque rien de l'argent, si ce n'est à la double condition d'être très-florissante et de payer plus cher que les autres ; — Faute d'argent encore, l'industrie se meurt.

Le commerce obtenait beaucoup de l'argent, avant l'invention de la Bourse ; mais depuis lors, le commerce lui-même a ses abois presqu'aussi fréquemment que l'industrie par la faute de l'argent bien plus qu'à cause du manque absolu d'acheteurs ; — enfin, on dirait d'un aide-de-camp qui dicte les conditions à tous ses généraux, parce qu'il se voit *seul* auprès d'eux !... Et l'argent se fait d'autant plus inexorable, qu'il sait *se dire* et *se faire* rare à la première occasion, pour courir sus à des collocations usuraires ou à des spéculations de jeu, à moins que la panique ne l'ait fait se cacher sous terre, auquel cas il désoriente complétement et le pouvoir et la société tout entière.

Le monde se croit perdu quand l'argent en vient là; alors, ni l'honneur ni l'existence de cent familles ne pèsent autant qu'un écu, aux yeux même du Pouvoir. Alors, malheur au pays! Alors, il importe peu que les greniers soient pleins, que les outils soient au complet, que la santé publique ne laisse rien à désirer, que les conditions requises pour la consommation et la production se montrent entières : tout cela n'importe point. L'argent est pris d'une peur quelconque, et tout s'arrête! Et nos hommes d'État trouvent cela tout naturel!!!

Je le répète, comme l'écho d'un cri qui se fait unanime : l'argent nécessite un contre-poids nouveau. Des institutions de crédit, des mobilisations de valeurs sérieuses, peuvent toujours, par l'effet d'une concurrence libre et rationnelle, qui sera faite à l'argent, soustraire le travail à ce lâche et insaisissable tyran.

Pour juger ce qu'est l'argent et ce que peut néanmoins une institution de crédit bien conçue qui lui fait concurrence, qu'on se figure ce qu'aurait été Paris, si la Banque n'avait pas pu imposer ses billets, et que l'argent eût été le moyen unique de payer et de se faire payer en avril 1848 et mois suivans! — Une guerre sociale eût fait explosion irrémédiablement! N'aurait-ce pas été la fourmi accouchant du Vésuve?

Les terres, les maisons, les denrées, les marchandises, les coupons de rente, les actions, toutes les valeurs enfin, font acte de présence en tous temps; tout mensonge de leur part serait inutile; et cependant les droits de leurs propriétaires restent intacts et respectés. L'argent seul se dérobe à toute perceptibilité... Eh bien! qu'on trouve le moyen d'astreindre aussi l'argent à faire le même acte de présence, de manière à ce que l'on sache qu'il existe; et, de ce jour là, il cessera presque d'être dangereux, dans ses caprices, sans cesser d'être utile, même sans concurrence.

Du reste, comme je ne vise qu'à améliorer les conditions du Travail, mes observations sur l'Argent, mes hérésies si l'on veut, ne tentent qu'à obtenir des institutions de crédit, solidement garanties, conformément à la nécessité et à la justice.

AGRICULTURE. — SES TRAVAILLEURS.

Revenons à l'agriculture et à ses travailleurs, pour dire comment l'État peut leur venir en aide.

L'agriculture est patiente, cela est vrai, mais elle n'ignore pas que sans elle tout ne serait qu'éphémère ; elle se dit qu'on ne pourra pas l'oublier toujours ; le temps est venu de justifier ses espérances.

L'État a à envisager l'agriculture sous deux aspects et dans deux buts différens.

Le premier aspect, c'est l'inculture de grands terrains.

Le but à atteindre urgemment, c'est d'attirer le trop plein des villes vers le travail plus fortifiant et plus placide des champs. — Tant de moyens praticables ont été proposés dans ce but, que j'en éviterai la longue répétition à mes lecteurs. — Seulement, je me relâcherai, en faveur de l'agriculture, du principe émis plus haut, que l'État ne doit pas prêter directement son appui ; je ferai cette concession en attendant l'organisation des Banques et des bons hypothécaires. Temporairement donc, je crois que le mode de commandite s'appliquerait avec avantage à des associations pour travaux agricoles, dont le devis aurait été débattu et serait surveillé.

Et, que n'aurait-on pas déjà obtenu, si l'on avait consacré de la sorte les millions jetés aux ateliers nationaux de Paris, dont la création était nécessaire, mais n'était justifiable que pour huit jours tout au plus, dans les conditions d'improductivité et de détournement moral qui étaient faites au Travail et aux travailleurs dans cette combinaison improvisée !

Le second aspect, c'est la charge qui pèse sur le propriétaire du sol, et par l'hypothèque et par l'impôt; peut-être faudrait-il dire aussi, et par la routine.

Le but à poursuivre, c'est de restituer au cultivateur la force d'exécution que tant de charges lui font perdre ; c'est de le soustraire à un remboursement trop rapproché, en substituant l'État au créancier inscrit ; c'est de fractionner et de mobiliser les titres de propriété ou le titre hypothécaire, lorsque le propriétaire y consentira ; — c'est de rencontrer un impôt au profit du trésor dans l'allègement même donné au débiteur.

C'est de créer des titres de propriété immobilière, garantis et circulans, dont la valeur sera indéniable par les hommes d'affaires, et dont l'admission sera obligatoire entre les particuliers et l'Etat.

Doit et *Avoir*, quel est le *Boni social?* Telle doit toujours être la position de la question pour l'Etat.

Le travailleur des champs vit très-misérablement dans beaucoup de contrées, cela n'est que trop vrai ; mais enfin ce travailleur est paisible, disséminé, il ne s'agite guère que pour l'impôt.

Ses privations sont nombreuses, et cependant c'est encore lui qui se montre le plus robuste de nous tous, enfans de la même race gauloise ! Preuve acceptable que sa frugalité et son dénûment trouvent leur correctif dans une vie régulière, un air pur, un exercice naturel des forces physiques et un sans-souci habituel, toutes choses dont le travailleur des villes fait rarement connaissance, et qui ont bien plus de substance qu'un salaire élevé. N'omettons pas la satisfaction intime de vivre presque égaux entre eux, maîtres et garçons de ferme, et la foi naïve qui les soutient tous.

Donner le pain intellectuel aux travailleurs des champs, favoriser l'agriculture par le crédit, et par l'association, ainsi que tout le monde en reconnaît la nécessité et la possibilité, c'est appeler sous un meilleur ciel des hommes qui se gâtent dans nos villes ; c'est faire tout ce que sollicitent l'égalité et la fraternité ; c'est assurer à la fois le perfectionnement de la culture et le sort des travailleurs les plus nombreux.

Le crédit pourra profiter à *tous* en peu de temps ; quant à l'association, elle ne fera des prosélytes qu'*à la longue* parmi les cultivateurs.

Le livret de libération et de prévoyance serait appliqué à ces travailleurs, comme à tous les autres.

INDUSTRIE. — SES TRAVAILLEURS.

L'industrie est presque toujours aux prises avec la gêne, et pourtant, malgré cette gêne, elle parvient à fournir au monde ces objets de première nécessité et de luxe dont le bon marché et la variété sont l'honneur le plus substantiel de l'intelligence humaine. — Il est triste d'avoir à ajouter, hélas ! que ni la persévérance dans le labeur, ni la fertilité dans les inventions ne préservent pas toujours les industriels de la ruine ou du malaise qui s'attachent à eux beaucoup plus qu'aux autres classes de travailleurs.

Moi, j'attends comme le jour le plus glorieux de la France celui où elle pourra étaler les innombrables produits de son industrie, et montrer en même temps ses travailleurs bien nourris et bien vêtus, car, ce jour-là, elle aura prouvé qu'il y a en elle le complet : tête, bras.... et cœur !

Mais réprimons notre ambition et ne parlons que de 1848.

L'industrie est victime d'une lacune : celle d'un grand-livre public qui tienne au courant, pour tous les travailleurs, les chiffres à consulter de la production et de la consommation. L'État doit combler cette lacune. Je lui en fais un devoir au nom de l'ordre et au nom du budget ; mais, présentement et d'urgence, qu'il lui donne du crédit, du crédit et encore du crédit (j'ai dit ailleurs que toute demande de crédit devait être justifiée); c'est le meilleur emploi que l'Etat puisse faire de son appui, en bénéfice de l'ordre et de l'impôt. Les ouvriers retourneront bientôt à leur ouvrage professionnel, qu'ils préfèrent à tout autre, dès qu'ils sauront que leurs patrons, accrédités par l'Etat, sont en mesure de leur tailler de la besogne. L'Etat aura enfin *prouvé* sa sympathie pour les ouvriers, et ceux-ci lui prouveront leur gratitude en faisant trève d'utopies.

Le travailleur en industrie, l'ouvrier des ateliers, est celui dont il faut s'occuper en premier lieu.

Il y a deux motifs au moins pour cela : son désespoir et son courage.

L'ouvrier des villes est généralement intelligent. Il a la conscience de son utilité, et il souffre comme il n'avait jamais souffert, lui qui souffrit toujours! Il a arrosé de son sang tous les progrès et toutes les gloires de son pays : — il vient héroïquement d'exhumer le dogme républicain du sépulcre où la monarchie le tenait enterré, et cependant il croit s'apercevoir que même ses élus ne savent pas s'en servir !... On lui a fait une promesse inconsidérée dans le droit au travail (chimère et injustice, suivant moi, dans les termes *non mutuels* qui expriment ce droit nécessaire), et, après l'avoir improvisé terrassier conformément à son droit au travail, de bijoutier, de peintre, de cordonnier, de filateur, de forgeron qu'il était, la loi vient d'en faire un juif errant à 3 sous par lieue, avec option d'un mousquet de soldat !

Oh! il m'échappera de le dire malgré la douleur qui me navre, si la politique ne sait se tirer d'embarras que par des expédiens de cette espèce, il y a de quoi trembler pour la France à la pensée de l'hiver qui s'approche ; mais les Français auraient-ils donc dégénéré? Comment la première Constituante sut démolir et construire pendant que le peuple chantait et mangeait, et nos constituans de 1848 nous laisseraient tous périr de misère au milieu de la plus grande abondance qui fut jamais ! Mais cela n'est pas possible ! Il y a là un rapprochement tellement monstrueux, que j'appelle sur cette marâtre, qui a nom *la confiance*, la méditation des hommes d'Etat de toutes les opinions ; évidemment, il faut que notre éducation ait encore beaucoup à faire de ce côté-là !

Les meilleures intentions sont dans les âmes, je le crois ; mais la question du travail ne peut pas se contenter de cela. Il lui faut, de plus, la conception qui crée, le savoir qui applique, la fermeté qui fait triompher. Pendant ces quatre ou cinq mois, on est allé trop avant dans les promesses que l'on a faites aux hommes, et on a fait rétrograder le Travail lui-même dans les procédés que l'on a mis en œuvre.

Il faut se rectifier, non se rétracter.

Eh bien! je le répète, le principe des *droits du travail* réformerait bientôt tout cela, et le changement, quel qu'il fût, pourvu qu'il coïncidât avec le principe, étendrait ses bienfaits non-seulement aux ouvriers, mais encore aux chefs d'atelier, dont la position est horrible.

COMMERCE. — SES TRAVAILLEURS.

Le commerce se meut dans une toute autre sphère que l'agriculture et l'industrie.

Il va et vient sans cesse, au moyen de ses commis-voyageurs et de la poste aux lettres.... Il est actif, retors, tricheur à ce qu'on dit, mais il ne trouble jamais l'ordre, parce qu'il peut se distraire et qu'il n'a jamais grand'-faim. S'il se révolte, ce n'est que dans les cafés à tout propos, et dans les journaux lorsque la chose en vaut la peine.

Il n'y a que la profession d'avocat qui soit capable de produire des hommes d'Etat en plus grande abondance que le commerce, si l'on en croit tous ces beaux discoureurs. — Par malheur, ni le barreau ni le commerce n'ont un intérêt bien senti à approfondir la question du travail. Aussi faut-il entendre comment ils en parlent !

L'intervention du commerce est fort précieuse, quoi qu'en disent certains réformateurs; mais elle peut être simplifiée et elle devra l'être pour que ses effets soient agrandis au profit de toutes les catégories du travail ; au surplus, il est doué d'un tel esprit d'invention qu'il suffira de l'aider d'un peu plus de crédit, et de quelques bonnes lois internationales, pour qu'il découvre spontanément, vite et juste, le moyen lucratif de simplifier ses propres rouages et de multiplier les débouchés (1).

On comprendra l'influence de ce dernier résultat sur l'annihilation du chômage industriel.

Le travailleur en commerce, élégant, beau parleur, fier comme un homme qui a les mains blanches, ne recourra à l'État que dans des cas désespérés.

L'état devra l'accueillir, mais il ne pourra reconnaître en lui qu'un travailleur ordinaire, c'est-à-dire un simple citoyen, égal aux autres devant la loi d'appui s'appliquant à l'individu. Si ce travailleur veut davantage, il

______

(1) Un négociant bayonnais, M. Basterrèche, à conçu un plan d'association entre les fabricans et des consignataires, qui mérite d'être étudié. En partant du principe : « multiplier les débouchés,» il invente une agence de placement gigantesque, et cependant réalisable, surtout pour des hommes de commerce ; et il remonte ainsi, de proche en proche, jusqu'à la fabrique, à qui il fait produire à meilleur marché que l'Angleterre.

Tout naturellement, la marine marchande, qui est son intermédiaire nécessaire, s'accroît dans sa combinaison et crée une force politique plus grande en faveur du pays.

justifiera ses prétentions devant le comité des travailleurs, et il s'ingéniera pour former une association avec d'au tres, ce qui sera une recommandation nouvelle pour lui.

Pour le travailleur en commerce, comme pour tous les autres, le livret de libération et de prévoyance sera exigé.

ARTISTES.

Les art'stes quoique travailleurs d'élite, ne pourront pas prétendre à plus que leurs fi ères des autres catégories, lorsqu'ils réclameront de l'État leur part dans l'exécution obligatoire des droits et des devoirs.

TRAVAILLEURS FRANÇAIS EN VOYAGE.

Ces travailleurs ont les mêmes droits et les mêmes devoirs, hors de leur commune, que dans leur commune.

S'ils réclament et justifient appui dans une ville quelconque de France, ils doivent l'obtenir, suivant les besoins du travail à l'endroit où ils se trouvent, et dans la mesure des ressources existantes.

Le renvoi des travailleurs d'une ville à une autre es une extrêmité et un non sens ; il crée une dépense inutile, et une perte de temps. Il faut donc l'éviter le plus possible.

Une commune entend accorder la préférence aux travailleurs de son état civil ; soit ; mais chaque commune prétend à faire la même distinction ; eh bien ! je croist qu'on rétablirait la justice par le moyen que voici :

Une commune, en admettant un travailleur français, prendrait note du pays d'où il est.

Relevé de toutes les notes serait adressé au chef-lieu du département, qui créditerait ou débiterait chaque commune.

Chaque département récapitulerait et enverrait au ministre son relevé général. Le ministre créditerait ou débiterait chaque département, ou même, pour éviter ce dernier rouage, le ministre créditerait ou débiterait chaque commune, et l'État serait chargé de solder les communes, l'une par l'autre, ou finalement par l'État lui-même.

Ces comptes ouverts ne vaudraient-ils pas mieux que d'expédier à Bayonne un travailleur dont Paris ne veut pas, pendant que Bayonne renvoie à Paris le Parisien qui obère sa caisse?

TRAVAILLEURS NON FRANÇAIS.

Dire que j'ai rougi pour mon pays du renvoi qui a été fait des travailleurs étrangers, c'est exprimer nettement que j'admets, ici ou là, tous les travailleurs, sans distinction, pourvu que mes nationaux ne soient pas repoussés des pays étrangers.

Je n'excuse le renvoi qu'à titre de représailles.

Toutefois, les travail'eurs étrangers restent libres, sans droits ni devoirs nationaux vis-à-vis du principe des *droits du travail*, sauf l'impôt, que tout travailleur travaillant en France doit à l'État.

S'ils ne peuvent pas vivre par leurs propres et uniques forces, l'État ne peut que leur fournir les moyens de regagner la frontière.

TRAVAILLEURS INDÉPENDANS DE TOUT APPUI DE L'ÉTAT.

Bien entendu, l'homme ou la Maison qui se croira assez forte pour opérer en dehors de tout appui de l'État, travaillera librement et à sa guise. Ce sera le plus grand nombre.

Ce nombre sera de 95 sur 100.

L'essentiel, c'est que les moyens matériels d'exécution soient égalisés, au besoin, comme je l'ai expliqué, afin que la lutte inventive, la lutte intellectuelle, subsiste aussi entière qu'auparavant; mais plus puissante et plus fécondante que jamais, dans l'intérêt du travail.

Toutefois, l'impôt de travailleur sera toujours payé par le travailleur indépendant (simple ouvrier, patron ou association), parce que l'impôt s'applique à toutes les catégories de travailleurs, et parce que le plus riche d'entre eux viendra peut-être un jour demander appui ou assistance à la caisse de prévoyance des travailleurs........

CHOMAGE.

L'objection capitale qu'on fait aux novateurs est celle-ci : « Quoi que vous fassiez, vous ne pourrez pas empê-
» cher le chômage. »

Je crois qu'en effet, quoi que l'on fasse, le chômage se représentera en concurrence désordonnée, en associations régulières, en communisme.

Je conclus de là qu'il faut tendre et *montrer* aux travailleurs que l'on tend à annihiler le chômage (1).

Eh bien! soyons sincères ; le chômage vient peut-être plus de l'incohérence que de la stagnation. Il arrive souvent que le travail manque sur un point, et que les travailleurs manquent sur un autre, au même jour.

La vigilance, la sollicitude et l'ordre, soutenus par la prévoyance, ne tarderont pas à dompter cette anomalie. En ceci, je place au moins l'espérance d'un progrès quelconque contre le chômage. Au lieu de chômages, on aura des ralentissemens; mais on rendra la position des travailleurs tolérable, en réduisant d'un quart, d'un tiers, d'une demi la durée du travail, à la place de ces suppressions totales de travail, qui désespèrent l'ouvrier, surtout en l'absence de toute caisse de prévoyance.

Bien des choses peuvent concourir à combattre le chômage :

(1) Je dis montrer, parce qu'un soupçon s'est enraciné qu'il est très-essentiel de détruire.

1° L'Etat peut être mis en devoir d'informer l'agriculture, l'industrie et le commerce, du cours des denrées et des matières premières sur les principaux marchés, de la surabondance et de la rareté des marchandises, et de l'affluence ou de la disette des travailleurs, sur tel ou tel autre point, de manière à utiliser toutes les forces et à n'en perdre aucune.— Il peut faire servir le télégraphe aux informations urgentes, dans le but de rendre impossible toute supériorité injuste ou frauduleuse dans ce genre, notamment cette supériorité scandaleuse de quelques monopolistes qui organisaient des estafettes pour devancer la poste et pour spéculer à coup sûr !

2° De grands travaux publics seront constamment à l'étude ; des travaux déjà étudiés pourront être mis sur-le-champ à la disposition des travailleurs inoccupés ;

3° Des primes d'exportation, habilement calculées, seront d'un secours considérable pour le travail et pour notre influence à l'extérieur, où notre pavillon pourra se montrer plus souvent.

Quand les Anglais agrandissent leur marine et découvrent à grand frais de nouveaux consommateurs pour leurs produits manufacturés, on peut dire qu'ils accordent une prime d'exportation à leurs fabricans nationaux, et que cette prime fait retour à l'Etat sous forme d'un impôt mieux payé et d'une plus grande force politique ;

4° Et s'il fallait que le travail, dans telle ou telle branche, se fît à perte, pour un temps *de*, et pour une production *de*, il ne serait pas impossible de consentir à cette extrémité, parce que les calculs s'y rapportant viendraient démontrer à l'Etat qu'il y a un intérêt de circonstance à faciliter, par des indemnités, l'écoulement de certains produits, même à l'intérieur, en faveur de ces consommateurs qui attendent forcément le bon marché, et qui pourraient, comme l'on dit, profiter de l'occasion.

Je suis de l'avis de ceux qui croient que le travail n'aura jamais trop produit ; que le meilleur marché indéfini fera trouver indéfiniment un plus grand nombre de consommateurs ; que tant que chaque homme ne pourra pas acquérir tous les objets dont sa nature lui fait sentir le besoin (et nous sommes bien loin de là !), il faut travailler, il faut produire, aux plus bas prix possibles, pour mettre ces objets à la portée de chacun. — Le travailleur qui se satisfait est un consommateur qui donne du travail à un autre travailleur, qui va lui en donner à son tour ; — aussi ne conçois-je pas ces proscripteurs du luxe, dont l'austérité ne tend à rien de moins que diminuer la masse du travail et éteindre le flambeau créateur du goût dans le travail.

Autre conséquence :

Chaque travailleur, représentant à la fois un consommateur et un producteur, le bon marché lui est avantageux de deux façons : à l'intérieur, en lui permettant de satisfaire mieux ses propres besoins de consommateur ; — à l'extérieur, en lui permettant de vendre de plus grandes quantités de son produit ; — et cela indéfiniment.

Du reste, le champ de la Sollicitude est immense, presque vierge, oserai-je dire ! — Eh bien ! l'Etat, une fo s entré dans cette voie généreuse, n'aura qu'à vouloir ; il pourra !

Le chômage battra en retraite devant l'appui de l'Etat, la caisse reproductive, la mutualité ; — et, somme toute, persuadons-nous bien que si le chômage peut être vaincu, il ne le sera que par la tactique industrielle, comme les barbares le sont par la tactique militaire.

En tous cas, la société aura fait tout ce qui était en son pouvoir, lorsque l'Etat aura rempli le devoir convenu en son nom, d'appuyer, d'informer, de protéger les travailleurs.

Toute opposition fondée l'éclairera, sans l'ébranler.

Toute opposition spécieuse tombera devant son principe du Travail.

Tout opposition malveillante n'osera !

Le chômage n'aura peut-être pas rendu son dernier soupir, mais le premier résultat de mon système sera l'ordre même, parce que la mutualité aura été *visiblement* sincère dans toute l'étendue des facultés existantes.

CAISSE GÉNÉRALE DE PRÉVOYANCE,
RESSOURCES.

La caisse générale de prévoyance ou des travailleurs, que j'ai subdivisée en deux caisses : l'une reproductive, fonctionnant activement en faveur du travail, l'autre de retraite, destinée à l'assistance des invalides ; cette caisse aurait pour premier subside :

Le produit des livrets de libération et de prévoyance, déduction faite de la part réservée à l'Etat, à titre d'impôt.

Je doterais cette caisse d'un autre genre de subsides dont le montant annuel pourrait devenir considérable, sans jamais être écrasant.

Ce serait la retenue de un pour mille (1) que toute institution publique de crédit serait tenue de prélever sur chaque bordereau qu'elle aurait admis à l'escompte.

On se récriera indubitablement ; mais on aura tort ; — qui veut la fin, veut les moyens ; — il s'agit de pourvoir à la nécessité du travail, reconnu droit et devoir sociaux ; — il s'agit de vivre en paix ; — il s'agit de justifier la devise républicaine ; — il s'agit, en un mot, de supprimer pacifiquement le prolétariat. — Bréf, il le faut ! ou il faut quelqu'autre chose qui nous sorte des anxiétés du désordre, car le calme armé n'est pas l'ordre.

____

(1) Un pour mille ou plus, suivant les besoins.

«L'impôt que je propose est d'une perception facile et pourra ne coûter aucune dépense.

Ici encore je fais partir l'exemple du sacrifice du côté des travailleurs, car le Travail sera le seul contribuable de ce nouvel impôt ; mais il ne changera pas sensiblement le prix de revient, et son caractère proportionnel, autant que la facilité de sa perception, le recommandent éminemment aux législateurs.

On objectera que c'est un moyen certain de donner l'avantage aux escompteurs particuliers ! erreur ! erreur profonde ! Et d'ailleurs, si cela était vrai, je n'y verrais aucun mal, parce que le concours de tous les pourvoyeurs d'argent est utile à conserver, concurremment avec les institutions publiques de crédit. — Et, dailleurs encore, les banques particulières pourraient être soumises à la même retenue.

Toutefois, je vais prouver, en quelques lignes, que la retenue de un pour mille ne grèvera les travailleurs qu'en apparence : —les banquiers font payer 1/2 p. 0/0 par trimestre pour l'acceptation, qu'ils accordent quelquefois, à des traites sur eux ; total 2 p. 0/0 par an.

Les mêmes banquiers pourront ne faire payer que 1/4 p. 0/0 ; total 1 p. 0/0 par an, et gagner cependant plus que par le passé, parce que leurs accrédités, appuyés par l'Etat et traitant avec des confrères appuyés comme eux, seront beaucoup plus solvables et créeront beaucoup plus de papier qu'auparavant : — Soit, la différence 1 p. 0/0 d'économie probable, qui sera pour les travailleurs la récupération de l'un pour mille prélevé sur leurs bordereaux. —Ce un pour mille n'équivaut à 1 p. 0/0 l'an que si l'on suppose l'échéance moyenne de trente-six jours à tous les effets remis à l'escompte, car si les effets sont de soixante-douze jours, par exemple, la retenue n'équivaut plus qu'à 1/2 p. 0/0 l'an.

Une chose qui est à remarquer dans cette retenue,

c'est que la proportion de un pour mille sera en même temps progressive ; et elle le sera d'une manière juste, parce que la même quotité frappant indistinctement le papier court et le papier long, l'impôt s'élèvera d'autant plus que le papier sera plus court ; or, le travailleur qui peut nourrir son papier de portefeuille le plus longtemps est certainement celui qui opère avec le plus d'aisance.

Ainsi donc, sans rien changer à l'ordre existant, sans faire contracter par l'Etat une obligation irréalisable sous la formule de droit au travail ; et moyennant la simple addition d'institutions de crédit ou le développement de celles déjà créées, — le travail national, la nécessité sociale du travail, se trouveront assez notablement améliorés, pour que l'ouvrage soit repris partout, et pour que le temps de mûrir des moyens plus parfaits soit accordé à tous les intéressés ; — cela est d'autant plus prudent, que des expériences se préparent et que nous en profiterons tous.

La caisse des travailleurs, ainsi alimentée par les li-livrets et par les bordereaux, serait bientôt en mesure de rembourser à l'Etat toutes ses avances ; et, cela fait, elle amasserait et fonctionnerait pour le compte définitif des travailleurs, qui trouveraient là l'indépendance, la force reproductive et la fraternité, dont les mots seuls existent pour eux.

Si la confiance dans cette caisse se montrait entière, je conseillerais à l'Etat d'y renvoyer les déposans des caisses d'épargne. Dans les versemens faits par ceux-ci à la caisse du travail, il y aurait soulagement pour le Trésor, fructification pour la caisse nouvelle, bénéfice d'actionnaire pour le déposant, enfin, mutualité et solidarité entre tous.

DIFFÉRENDS.

Les différends ressortiront des conseils de prud'hommes ; chaque localité aura au moins un conseil de pru-d'hommes.

Les tribunaux consulaires resteront ce qu'ils sont.

FRAUDES.

Les fraudes, sophistications, frelatations, contrefaçons, supercheries, et tous actes de mauvaise foi, devront être sévèrement châtiés.

La privation des droits civiques est une punition très-efficace à introduire dans la pénalité démocratique.

Un jury, chargé de caractériser le fait reproché à tout inculpé, ne tarderait pas à faire disparaître cette myriade de petits crimes que l'on reproche à la concurrence anarchique, où les mauvaises manœuvres se font si souvent absoudre par le succès d'argent.

FAILLIS.

Dans le failli, je vois le débiteur de ses créanciers que ceux-ci ont le droit de poursuivre, conformément à la loi, loi que je laisse telle quelle à cet égard.

Mais la loi d'Etat est-elle bien logique, lorsqu'elle révoque un homme de son titre le plus précieux, et qu'elle prive la République d'un de ses citoyens, sans prendre d'autre conseil pour cela que la décision provoquée par le dire des créanciers du failli ? Un créancier lésé peut-il être impartial ? et son débiteur ne peut-il pas être tombé en déficit, malgré une capacité notoire, malgré son économie constatée, malgré sa délicatesse, même ?

Et alors où est la justice ?

Je reconnais la nécessité de placer très-haut l'honneur commercial.

Mais je dis que la loi actuelle ne remplit pas équitablement son but.

L'Etat, selon moi, n'a pas plus intérêt à flétrir et à perdre un travailleur qu'il n'en a à perdre un guerrier ou un marin. Or, quand ce guerrier ou ce marin a prouvé devant un tribunal, composé de ses *pairs*, que son honneur et sa prudence sont exempts de reproches, il est acquitté, quelles qu'aient été les conséquences de sa défaite ou de son naufrage, et un nouveau commandement peut lui être confié.

Instituer un recours d'honneur analogue, en faveur des travailleurs faillis, me paraîtrait plus moral que capable de relâcher les scrupules commerciaux.

Les créanciers conserveraient leurs droits parfaitement distincts de ceux de l'Etat. L'Etat conserverait son droit de punir la fraude, l'imprudence ou la dissipation, indépendamment du vote des créanciers.

Le failli paraîtrait devant un jury de travailleurs. S'il était jugé coupable, la révocation des droits civiques serait alors de toute justice ; mais s'il était acquitté du chef de l'honneur, il resterait ce qu'il était et ce que la République doit désirer qu'il reste, un citoyen actif.

Au surplus, j'ai déjà eu l'occasion d'écrire, à propos d'un comptoir d'escompte, que, si nos institutions de crédit sont bien dirigées, la faillite sera rendue à peu près impossible, par cette raison que le travailleur sera aidé à temps, ou averti qu'il doit liquider.

INVALIDES.

La caisse de retraite sera capable un jour de pourvoir elle-même aux besoins des invalides du travail. Il le faut, et, quant à moi, tant que le Travail n'aura pas fait cette preuve, je nierai que ses prix de revient soient exacts.

En attendant que le Travail ait réuni les ressources que je lui suppose la force de fournir peu à peu à la caisse de prévoyance, l'Etat lui fera les avances nécessaires. Il en débitera la caisse, comme il la créditera des prélèvemens faits aux livrets et aux bordereaux.

Le titre d'invalide devra se justifier par le travail, la bonne conduite et l'âge.

Le comité des travailleurs donnera son avis sur chaque sujet.

L'admission sera toujours de droit pour les infirmes, victimes du travail.

La vie en commun, sauf le coucher, étant le seul moyen certain de procurer une existence comfortable et économique, elle devra être préférée, en règle générale.

L'invalide admis pourra ne pas venir vivre à l'hôtel de retraite. Dans ce cas-là, il lui sera payé en argent ou fourni en nature l'équivalent de ce qui devra revenir à l'invalide vivant en commun.

Les invalides mariés avec ou sans enfans seront l'objet des additions nécessaires.

Au surplus, je sortirais des bornes d'un opuscule si je voulais dérouler tout un plan à propos de chacune des questions de détail soulevées par la question générale ; quelques indications principales font suffisamment pressentir toutes les autres.

Pour les invalides, comme pour les travailleurs actifs, je renvoie à mon grand principe des Droits du Travail s'exerçant par mutualité, suivant les besoins et les ressources.

DE LA CONTRAINTE PAR CORPS.

Sous aucun prétexte, un homme ne devrait avoir le droit sauvage de faire emprisonner son semblable. A moins qu'il n'y ait crime ou délit, je ne connais pas de considération, devant Dieu et devant la société, qui puisse être aussi élevée ni aussi respectable que la liberté individuelle et la nécessité de travailler pour nourrir sa famille.

C'est à la loi pénale et non pas à un homme à intervenir et à punir le soustracteur jusqu'à ce qu'il ait rendu gorge, si des présomptions irréfutables caractérisent une fraude ou une soustraction de sa part.

Contraindre les parens ou les amis d'un débiteur au moyen de son emprisonnement, c'est substituer une immoralité flagrante à une autre immoralité qui pourrait n'être que dubitative.

Mais on le sait de reste : la contrainte par corps ne sert guère qu'aux usuriers.

Le travail organisé, le travail honnête dont j'entends m'occuper ici, n'y a jamais recours.

CONCORDATS AMIABLES EN 1848.

Je donnerais à penser que j'ai éludé une des questions du travail en 1848, si je ne disais pas un mot de ces concordats dont la révolution de Février a été la première occasion officielle.

Une partie du commerce de Paris a pétitionné pour qu'une sanction légale vînt à régulariser ces concordats que l'intensité et la durée de la crise faisaient éclore de toutes parts. Parmi les pétitionnaires figuraient beaucoup de créanciers. La sanction était réclamée par ceux-ci, en vue d'une liquidation plus prompte de leurs droits. Les débiteurs la réclamaient comme un acte utile et de *réparation* tout à la fois. Nous étions riches, disaient-ils, la révolution nous a ruinés, soit ; mais que du moins elle ne nous déshonore pas !

Une autre partie du commerce, moins nombreuse si l'on en juge par la quantité des signatures, protestait contre cette sanction, au nom des lois existantes, au nom de l'intégrité commerciale, au nom de la partie saine du commerce.

Des deux côtés de bonnes raisons étaient produites.

Le pouvoir, interrogé de la sorte, n'a rien répondu.

Qu'en est-il résulté ? 1° C'est que les débiteurs, créanciers chez des débiteurs placés dans la même situation qu'eux, ont reculé devant la faillite, et se sont mis d'eux-mêmes en liquidation à travers une grêle de papier timbré et d'inextricables complications, en ne s'inspirant que de leur bonne conscience ; 2° c'est que les créanciers libres de dettes n'ont pas osé réclamer la mise en faillite de gens qu'ils savaient honorables, mais qu'ils continuent à les poursuivre conservatoirement ; 3° c'est que les dividendes se réalisent moins vite.

Il y a eu impasse pour tous ; cependant, pour le Pouvoir, pour le Gouvernement provisoire surtout, la question, ce semble, était bien simplifiée par l'état même des choses.

Pouvait-il craindre que la loyauté commerciale reçût une atteinte irréparable ? Non, car, Dieu merci, dans nôtre noble pays, le point d'honneur est impérissable, et une loi qui voudrait l'affaiblir y resterait lettre morte devant les mœurs ; donc, l'exception temporaire, motivée par l'étendue de la catastrophe financière, eût fait le bien sollicité pour un cas tout exceptionnel, et elle se fût arrêtée là.

Le gouvernement a préféré repousser toute solidarité, toute analogie entre lui et les maisons frappées. Il a dit aux porteurs de bons du trésor : « Je ne puis pas vous » payer ; voilà des rentes, ou attendez un semestre, » et aux déposans des caisses d'épargnes : « voici un petit » à-compte ; vous repasserez pour le restant, ou bien » prenez des rentes. »

Il a avoué que des événemens supérieurs à la loyauté de la France le *contraignaient* ; la Banque de France en a fait autant ; — et tous les intéressés se sont soumis ; — mais l'abandon tout *volontaire* où l'Etat a laissé les autres doit-il être pris pour une preuve de cruauté ou de sollicitude de sa part ? Je réponds que plusieurs pétitions, entr'autres une de Lyon, ont fait toucher au doigt l'intérêt qu'avaient les créanciers eux-mêmes à la mesure proposée ; — et j'ajoute que quand des tribuns assermentés près une mo-

narchie ont été assez osés pour *risquer* une république,
au grand ébahissement de toute la France, il eût été de
bonne politique de leur part de trouver un moyen qui
pût sauver du déshonneur les travailleurs honorables que
le soubresaut politique venait de ruiner à l'improviste ;
— de trouver ce moyen sur-le-champ et de l'appliquer
sur-le-champ.

Or, il n'y a que 6,000 maisons, formant 10,000 familles
au moins, à Paris, qui se trouvent dans le cas soulevé,
usant sans doute, in petto, du droit de maudire la révolution de février !

Mais détournons les yeux de tant ..... d'insouciance
politique, et passons à un autre objet.

UN CENTIME.

J'étonnerai bien des gens lorsqu'ils m'entendront réclamer, ainsi que je le fais, de la manière la plus formelle
et comme une chose extrêmement importante, la création
de la monnaie d'un centime. Cette lacune dans notre système monétaire, dont il est cependant la base-unité, porte
un tort incalculable à toutes les classes pauvres.

Le mendiant, que la République doit tenir à honneur
de faire disparaître, ne fût-ce que par pudeur, puisqu'il n'est pas exclu du droit de suffrage, le mendiant
perd beaucoup à la non-existence du centime. Il reçoit
un sou, il est vrai, dans bien des cas ; mais il recevrait
presque autant de sous de ceux qui peuvent se livrer à
cette largesse, au lieu qu'il reste privé du centime qu'un
grand nombre de pauvres, non mendians, aimeraient à
lui donner pour la satisfaction de leur cœur.

L'ouvrier, lui, est victime à tout pas de la division par
centimes, et de la non-existence du centime.

Quand il reçoit, c'est une fois par jour au plus, c'est le
plus souvent une fois par semaine ; — eh bien! le centime
forcé lui rentre sous forme de deux liards, et alors il ga-

gne ; — mais combien ce cas-là n'est-il pas rare ! — Tandis que, pour le pain, pour le sel, pour le sucre, enfin pour chacun des menus achats qu'il est obligé de faire à l'heure, ce centime forcé lui coûte deux liards.

Je supplie les administrateurs de la chose publique de ne pas dédaigner ma réclamation.

Rien n'est à négliger dans la question du travail. — L'impôt progressif, qui devrait être la justification des nombreuses garanties que la fortune se fait reconnaître dans la société, côte à côte du paupérisme, importune grandement les riches, à ce qu'on dit, et de fortes résistances sont organisées contre ce mode d'impôt. — Eh bien ! que du moins tous les détails capables de produire un bien, un soulagement, un signe de sollicitude quelconque, entrent immédiatement en voie d'exécution.

Est-ce trop exiger ?

Le centime, encore, est absolument indispensable à la Caisse de prévoyance dont j'ai parlé.

MACHINES.

Plus on produira, mieux ça vaudra pour nous tous, travailleurs.

Les machines multiplient la force humaine ; elles permettent de vendre à meilleur marché.

Qu'importe le montant du salaire ? L'essentiel, c'est qu'avec le salaire gagné, le travailleur puisse subvenir à ses besoins courans, élever sa famille et trouver une retraite.

Les machines feront ce miracle-là, le jour où l'on pourra les appliquer à tous les objets indispensables. Mais entendons-nous bien. Jusqu'à présent, l'apparition de chaque machine a sonné comme un coup de mort pour les ouvriers. Or, il faut que cela change du tout au tout, et, pour que cela change, il faut que l'esprit démocratique l'emporte en France sur ses adversaires féodaux.

Pour le moment, je n'ai l'intention que de montrer l'avantage qu'a le principe du Travail sur les autres formules inventées dans l'intérêt des travailleurs.

Le *droit au travail*, si on le proclame, sera, dans beaucoup de cas, un obstacle au fonctionnement ou à la création des machines, — ou sinon les machines continueront, comme par le passé, à être un concurrent furibond mettant en déroute des milliers d'ouvriers, dont le refuge immédiat ne sera autre que l'Etat, incessamment obéré par des sacrifices analogues. Cela se sent et dispense d'en raisonner longuement. Or, réprimer les machines, c'est tout simplement exiger que les membres se fatiguent *plus* pour produire *moins*. C'est interdire aussi à la production française de franchir le seuil national ; c'est rétrograder ; car ne pas avancer, c'est reculer pour une société aussi bien que pour un homme.

Tandis qu'avec le principe des droits du travail, l'intelligence sera incitée à inventer de nouvelles machines, et à mettre chaque jour davantage, à la portée du pauvre, des objets dont la cherté l'obligerait à se passer, et à obtenir les préférences de l'étranger pour nos produits ; mais ce progrès s'accomplira, du moins, sous le respect dû à la profession détruite, c'est-à-dire en ménageant une transition aux travailleurs réformés par la nouvelle machine.

L'inventeur créera sous la sauvegarde des droits du travail, mais les travailleurs supprimés invoqueront aussi ces droits de leur côté, et la solution ne pourra être que la justice faite à chacun dans la mesure des besoins et des moyens. L'abandon ne sera plus un mot français dans le vocabulaire du travail ; et, croyez-en un de vos amis, ouvriers, cette conquête de la fraternité sur l'égoïsme est une des plus belles et des plus légitimes que vous ayez à assurer.

Un des devoirs de l'inventeur sera d'*avertir* l'Etat, qu'à dater de telle époque, sa machine pourra produire tant ; que cette production occupera tant de bras et épargnera tant de bras.

D'après ce rapport, l'Etat prendra les mesures protectrices dictées par la circonstance en faveur des travailleurs, et dès lors ceux-ci, loin de traiter les machines en ennemies de leur existence, aideront dorénavant à ce que les perfectionnemens se multiplient sous toutes les formes qui honorent l'intelligence ou qui tendent à augmenter le nombre des consommateurs.

Si je ne me trompe pas, il y a du *droit au travail*—aux *droits du travail*, toute la distance qui sépare l'illusion ou l'abus, — d'une chose juste, raisonnable, possible, et, partant, assurée.

IMPOT.

L'impôt ne parut jamais léger aux peuples.

Puisqu'il est inévitable, faisons du moins qu'il n'ait jamais un caractère odieux, et que son utilité ressorte de son emploi même.

Écrire l'histoire de l'impôt serait écrire, en partie, celle de la formation et du déclassement des fortunes particulières, qui se trouvent avoir tant varié depuis la conquête. Cette histoire nous montrerait constamment la loi d'impôt fonctionnant comme l'échiquier de toutes les ois qui touchaient aux intérêts bursaux, et nous constaterions que ces affinités calculées ont eu pour résultat d'exonérer une classe, de surcharger les autres classe., et toujours de barrer le chemin à l'émancipation des prolétaires.

Travailleurs, ne négligez pas cet avertissement de l'expérience.

Vigilance, travailleurs ! si vous voulez que la question du travail entre véritablement en plein régime démocratique, choisissez pour vous représenter à Paris, à cause du budget, et dans vos communes, à cause de l'octroi, des hommes qui aient le même intérêt que vous. Ne craignez pas de trop peser dans la balance ; le plateau des fortunes faites enlèvera toujours le vôtre, parce que, du côté des heureux, se trouvent et se trouveront pendant encore longtemps l'habileté, le savoir et l'aplomb. Si la bourgeoisie vous gourmande à ce sujet, répondez-lui qu'elle-même n'a dû son affranchissement et sa prospérité qu'à cette savante tactique, merveilleusement protégée par vos bras musculeux. — Et pourquoi, d'ailleurs, votre justice ne vaudrait-elle pas celle de vos anciens maîtres ?

Votre justice ! entendez bien !... car, je l'ai dit et je le répéterai à satiété, hors de la justice, ni les travailleurs, malgré leur *nombre*, ni les riches, malgré leur *puissance*, ne parviendront à fixer le gouvernail des lois dans leurs mains.

Hors de la justice, aucun pacte ne sera scellé sur cette terre infatigable et fière, — et la tourmente qui fut l'éducation agitée de nos pères soufflera aussi sur nous et fera plier jusqu'à nos enfans, pour ne clore l'ère des tempêtes que le jour où les droits du travail auront été consacrés.

Je défie même le génie de faire une autre issue à la question du travail ; et je défie tous les pouvoirs d'établir un ordre durable en France tant que la question du travail n'aura pas été résolue autrement qu'elle l'est.

L'expérience prouve que, sans l'impôt, *qui exige de par la loi,* aucune institution grande ne parvient à sortir des limbes de l'égoïsme ; or, puisqu'il s'agit d'agrandir les institutions utiles, je demande que l'impôt soit remanié, et que le pouvoir ne compte que sur l'impôt pour faire progresser démocratiquement le crédit.

On a vu que j'ai imposé les travailleurs tout les premiers ; eh bien ! ils ne me contrediront pas, si on sait ranimer leur confiance ébranlée et admettre leur exemple comme une règle pour tous. C'est aux hommes du pouvoir, c'est aux ministres de nos finances qu'il appartient d'accomplir l'œuvre de justice, en proposant de bonnes lois d'impôt; mais, s'ils y veulent réussir, qu'ils cessent de regarder du côté de la Bourse ! car la Bourse, c'est le basilic fascinateur de tous nos ministres des finances. — Le peuple les inspirera bien mieux ! — Les besoins du travail leur seront un guide bien plus sûr.

En conclusion de ce chapitre, j'estime que, moyennant cent cinquante millions de crédit au travail, sous forme de semence ou d'appui, l'État fera récupérer à la France la moitié de ce qu'elle vient de perdre, et qu'il retrouvera lui-même, avant un an, dans l'impôt même, tous les millions confiés généreusement et politiquement au travail (1).

DROITS ET DEVOIRS RÉSUMÉS DU TRAVAILLEUR.

Tout travailleur doit l'impôt à l'Etat, ainsi que les prélèvemens destinés à la caisse générale de prévoyance, — qu'il ait demandé appui à l'Etat, ou qu'il ait pu s'en passer.

Il doit le travail même, si la nécessité sociale vient à le lui imposer par la voix de ses élus.

Le travailleur qui a obtenu des avances pour instrumens de travail, en doit le remboursement à l'Etat. — Son livret constate les conditions de cette avance.

Le travailleur, qui demande du travail, est tenu de l'accepter tel que l'Etat est en position de le lui fournir,

---

(1) J'ai conçu un moyen neuf et que je crois rationnel pour faire concorder les dépenses et les recettes, année par année, et pour arriver ainsi à un budget sans déficit. Je n'en parlerai pas dans ce premier opuscule, que je veux restreindre à la question du travail dans ses besoins immédiats, et surtout dans son besoin d'un principe constitutif.

et d'aller au lieu où doit s'exécuter ce travail, moyennant indemnité de route ; — s'il refuse, c'est qu'il préfère s'en retourner à ses propres forces.

Tout travail procuré par l'Etat doit se faire à la tâche, après les trois premières journées de chantier, sauf les exceptions réclamées par l'humanité.

Tout refus d'un travailleur est mentionné sur son livret, et lui fait perdre son droit de travail vis-à-vis de l'Etat, pour toute l'année ouverte, à moins que le travailleur ne se fasse relever de déchéance par le comité des travailleurs, faveur que ce comité aura toujours la faculté d'accorder.

Dans le cas où le travail ne pourrait pas être fourni à tous les travailleurs présens, la préférence reviendrait de droit à celui qui serait le plus chargé de famille ou le plus âgé.

En résumé, les devoirs des travailleurs envers l'Etat sont ceux qui dérivent des *droits du travail* lui-même, à son titre de nécessité sociale.

Le chapitre : Concordance, résumera les avantages de mon principe.

DROITS ET DEVOIRS RÉSUMÉS DE L'ÉTAT.

Les pouvoirs publics ont le droit et le devoir absolus de rechercher tous les moyens propres à maintenir l'activité dans le travail, et à en procurer à nouveau.

Mais ce DROIT n'est absolu que suivant les besoins constatés, et ce DEVOIR n'est absolu que dans la mesure des ressources existantes. — La loi d'impôt devra tendre à révéler et à réaliser ces ressources.

En dernière analyse, la nécessité sociale du travail, et les droits du travail, régissent, comme principe, l'Etat et l'individu. — Tirer les conséquences de ce principe, conformément à une situation donnée, et en vue d'une amélioration suivante, est toujours la solution que je propose, comme la seule praticable en fait, la seule satisfaisante en bonne morale, la seule qui puisse rallier les dissidens de 1848, et ramener un calme durable dans la République.

OBJECTIONS.

La première et la plus grande objection qui puisse être faite à mon projet, c'est d'être proposé par un homme obscur.

Cette objection sera jetée à mon œuvre, si encore on veut bien lui faire tant d'honneur.

Quant à moi, je ne ferais qu'une observation à l'encontre du talent supérieur qui est censé résider de préférence chez les hommes du Pouvoir, c'est qu'en monarchie, ils ont fait des dettes quasi-impayables, et conduit le pays à une révolution sociale. C'est qu'en république provisoire et ensuite légale, ils ont mis la France travailleuse au plus bas.

Toutefois, je vais récapituler les objections qui peuvent être faites au mutualisme, qui constitue le fond de ma solution du travail. Je serai succinct.

La routine dira : C'est du neuf, donc c'est du socialisme, je n'en veux pas.

Le communisme dira ; c'est du vieux rapiécé, je le repousse.

Le socialisme dira : ce serait acceptable si je le complétais, mais tel quel, ça n'est pas digne du 24 février.

Toutes ces accusations seront justes, — mais si je n'avais pas dû les mériter, je n'aurais pas pris la plume. Je ne me dirige que vers l'élément du *Travail*, parce que, selon moi, *la justice dans le travail* ce sera *l'ordre dans la liberté*. — Je ne vise donc qu'à ce but, et je crois que les travailleurs se contenteront d'y atteindre.

Mais récapitulons.

Les bons hypothécaires — ont été demandés par des milliers de voix. — La crainte qu'ils ne viennent à expulser l'argent à l'étranger n'est pas fondée. — L'essentiel c'est que ces bons reposent sur des immeubles bien expertisés, afin que la valeur intrinsèque représentée ne soit pas suspectée.— L'argent aura un contrepoids, voilà tout ; mais donner un contrepoids à l'argent, créer un concurrent à l'argent, c'est sauver le Travail.

Les institutions de crédit, — sont tellement nécessaires que je ne me regarde que comme une petite fraction parmi les nombreux réclamans qui m'ont devancé dans la publicité de cette demande.

Les droits attribués aux travailleurs, — sont indiqués par les besoins même du travail, et par les facultés disponibles. Vouloir moins, c'est ne vouloir rien ; Or, si nous ne faisons rien, d'épouvantables malheurs nous attendent. — Tous ces prêts ou commandes, votés tantôt à une branche tantôt à une autre du Travail, sont des expédiens détestables, que j'appellerai du népotisme budgétaire. Ce sont comme des seaux d'eau jetés dans un étang pour en faire une rivière.

Dans mon systême, quelques modifications seront à faire dans le code hypothécaire.— Un code de plus devra être fait pour le travail, cela est vrai ; mais j'espère qu'on ne s'arrêtera pas devant ce détail, pendant qu'on refait une constitution.

Quant au *livret*, je regarde comme indispensable un document de constatation pour les droits et les devoirs des citoyens travailleurs, livret ou toute autre chose.

Au surplus, j'attendrai que des objections sérieuses me soient faites pour y répondre. Je suis tout prêt, mais je ne le ferai que par écrit, attendu que si j'écris mal, je parle beaucoup plus mal encore.

CONCORDANCE DU TRAVAIL AVEC LE DOGME RÉPUBLICAIN.

Nous n'avons presque rien à *inventer* pour faire concorder le Travail avec le dogme de notre jeune République, et pour assurer au travailleur une carrière digne de son titre d'homme et de citoyen français.

Nous avons déjà les *crèches* et les *salles d'asile*. Il ne s'agit donc que d'universaliser les bienfaits de ces deux institutions connues.

Nous avons nos 30,000 temples et leurs dignes pasteurs, qui ne font défaut nulle part à leurs ouailles, pour leur enseigner le respect de Dieu et l'amour du prochain. — De ce côté là, du moins, le pain du ciel est toujours sur la planche.

Les *écoles* gratuites et leurs institutions sont décrétées ou promises, et nous devons espérer que l'acquit de cette dette restera au premier rang entre les obligations les plus sacrées de notre société démocratique.

L'agence *d'apprentissage* et l'agence de *placement* existent déjà, à peu de chose près, à Paris. Attribuer ces agences au *comité des travailleurs*, en même temps que l'agence des *renseignemens* et l'agence du *crédit*, est la chose la plus facile à faire, dès qu'on en a conçu l'idée.

Un bien considérable sortira de l'institution si simple, si sympathique et si peu dispendieuse du *comité des travailleurs*, que je propose de *créer*.

Nous avons les conseils de *prudhommes*, les *Tribunaux de Commerce*; — multiplier les premiers, conserver les seconds, est tout ce que sollicitent, pour le moment, les intérêts judiciaires du travail.

Les *comptoirs d'escompte* fonctionnent. — En créer là où ils manquent, les fortifier partout, est le devoir que j'indique au Pouvoir comme devant porter les premiers fruits, les fruits les plus indispensables à la reprise des travaux.

L'appui prêté au travail, justifié et régularisé dans le sens que j'ai analysé, devra être décrété comme une nécessité de situation. Cette nécessité rencontrera, tout à propos, les *Comptoirs d'escompte* et les *Entrepôts nationaux*.

La *Caisse de prévoyance*, telle que je l'ai esquissée, ou tout autre mieux élaborée, est à créer ; mais elle est aussi indispensable en vue de l'avenir, que le crédit l'est en vue de l'actualité.

De cet ensemble il résultera :

Hygiène et moralisation, dès le berceau.

Instruction religieuse, élémentaire, professionnelle et civique dès l'enfance jusqu'à l'âge adulte.

Fonctionnement du travail, indépendant de l'État, ou accrédité par l'État, selon les besoins reconnus et les facultés disponibles, pendant les bonnes années du travailleur.

Prévoyance et reproductivité, pendant l'exécution.

Justice à bon marché, en tous temps.

Enfin, retraite honorable et respectée pour le travailleur devenu invalide.

EN CONCLUSION.

La *Fraternité* se trouvera ostensiblement et légalement démontrée, par l'intervention protectrice, mais non absorbante, que je propose, lorsque l'État aura établi l'*Égalité* matérielle dans les moyens d'exécution, et qu'il ne cessera pas de respecter la diversité des facultés naturelles.

Et la *Liberté*, cette héroïne réputée intraitable, abaissera d'elle-même son glaive jusqu'aux pieds de ses deux sœurs puînées, qu'elle a mission de donner au monde.... et qu'elle lui donnera.

L'*Ordre* viendra en surcroît dans notre belle France, aujourd'hui si inquiète.

MÉLANGES ET UTOPIES

EN 1848.

Pour ne pas sortir de la sphère des nécessités réalisables, je me suis borné à demander *appui* pour le travail, et j'ai démontré que, sans grand effort d'imagination ni de bourse, le Pouvoir pouvait tirer immédiatement le pays de cet état d'allanguissement et de détresse, véritablement impossible à supporter longtemps dans les besoins d'ordre et dans les goûts de sociabilité que la civilisation nous a créés.

Je n'ai donc pas jugé à propos de dire dans ce premier opuscule comment on parviendrait à établir l'égalité du débat entre l'ouvrier et le patron, quand il s'agit de fixer les conditions du travail.— Ce moyen est très-près de la conception de chacun; — je l'ai étudié il y a bien des années: mais je ne verrai son tour arriver qu'après la mise en fonction des institutions de crédit, institutions nécessaires qu'il faut, avant tout, perfectionner ou inventer en bénéfice des ateliers et du travail.

Dans le même but de laisser les droits du travail réduits à leur première et plus simple solution, j'ai élagué quelques aperçus bons à consulter ; je les offre à mes lecteurs sous ce titre de Mélanges et Utopies, tout à fait indépendans de l'exposé qui les a précédés.

J'appelle utopie un projet qui est irréalisable ou repoussé au moment où l'application en est proposée. Le vote plus que la justice en décide d'abord ; l'habitude plus que la raison en décide plus tard.

BOULANGERIES MUNICIPALES ET BOUCHERIES.

Je ne relaterai point les tribulations incessantes qui assaillent les maires de toutes nos villes, au sujet du pain et de la boulangerie qui le produit.

Telle ville a adopté le principe de la libre concurrence, telle autre celui de la limitation des boulangeries. Il y a des inconvéniens et des avantages attachés à chaque système.

Il en est à peu près de même de la boucherie, avec cette différence que celle-ci présente de plus grandes difficultés d'appréciation.

Je viens ajouter un renseignement à cette importante question.

Il s'agit d'un moyen existant, je crois, dans quelques-unes de nos villes ; mais trop peu connu, et dont je puis parler comme l'ayant vu moi-même à l'œuvre produisant de bons résultats.

A Pampelune, en Espagne, l'autorité municipale a une boulangerie et une boucherie qui font concurrence aux boulangers et aux bouchers de la ville. Un bénéfice convenable entre dans le prix de vente.

Le même marché réunit tous les concurrens sans distinction; chacun y a sa boutique.

Les prix du jour, par qualités de pain ou de viande, sont affichés en grandes lettres, et lus facilement par les acheteurs du dehors, en sorte que ceux-ci peuvent donner leur préférence en toute connaissance de cause.

On comprend que la municipalité, au moyen de cette concurrence loyalement faite et surveillée avec sollicitude, n'a plus la moindre peine à maintenir des prix équitables pour le public,

A la sortie du marché, se trouvent des peseurs publics qui contrôlent rigoureusement les pesées. La repesée est obligatoire pour tous les gens de service.

Il y a, en outre, ce qu'on appelle le four banal, où tous les ménages ont le droit de venir faire cuire la pâte faite à la maison, moyennant les simples frais de cuisson.

Vraiment, ces institutions méritent examen.

PHARMACIES MUNICIPALES.

Ce qu'on vient de lire au sujet du pain et de la viande aurait bien aussi son application aux remèdes.

Mais il n'y a pas le même motif prépondérant à l'égard des remèdes qu'à l'égard des alimens : celui de la sincérité du cours.

D'ailleurs, je n'aime pas à voir l'Etat se faire le concurrent d'aucun des producteurs qui lui paient l'impôt; et quoiqu'il s'agisse, pour le pain et la viande, d'institutions municipales et non pas d'institutions de l'Etat, je n'entends pas les encourager dans la phase actuelle du travail; je me borne donc à mentionner les unes et les autres, pour montrer que des ressources de bon marché ne manqueront pas en faveur des travailleurs pauvres, si ces ressources devenaient indispensables.

Mais ne nous écartons pas du sujet principal.

Donner du travail, assurer du travail le plus possible,

vaut mieux que toutes les institutions de semi-bienfaisance, et cela dépend beaucoup des législateurs.

Je proscris le mot *secours*, et je veux que le travailleur paie tout ce qu'il achète. La dignité de l'homme doit être respectée en toutes choses, et le travail marcher toujours dans la sincérité de ses prix de revient. Du reste, je sais le travailleur fort peu envieux des jouissances du riche. Sur cela détrompez-vous, riches ombrageux ! le travailleur ne songe ni à vos carrosses, ni à vos mets abondans, ni à vos châteaux ; et nul n'est plus disposé à faire bonne garde de vous et de vos biens que cet ouvrier aux bras nus lorsque la faim et votre indifférence ne le courroucent pas.

Du travail ! du travail ! — Hors du travail, point de salut ici-bas !

MONTS-DE-PIÉTÉ.

Les monts-de-piété sont les entrepôts nationaux du pauvre.

A chaque changement de saison, l'ouvrier se trouve presque toujours en face d'un besoin au-dessus de son épargne, si toutefois il a pu réussir à faire cette épargne. — Le mont-de-piété est alors sa ressource.

A chaque chômage, à chaque événement un peu solennel dans sa famille, à chaque maladie, la même nécessité se présente pour l'ouvrier et même pour le petit rentier.

Les monts-de-piété rendent donc des services ; cela est incontestable.

Mais serait-il si difficile de faire que cette institution fût tout à fait populaire et bienfaisante ? J'estime que non, si l'Etat veut entrer franchement dans toutes les voies d'amélioration promises par le dogme républicain.

Il suffirait, 1° de doter les monts-de-piété de la garantie

de l'Etat, en faveur des capitalistes qui voudraient y colloquer des fonds à 4 p. 100 l'an ;

2° De ne faire payer que demi p. 100 par mois aux déposans, tout compris (1) ;

3° De faciliter, par un simple échange d'objets, la reprise d'un dépôt ancien contre un dépôt nouveau ;

4° De tenter la vente des objets non retirés, mais à un **prix raisonnable**, et de retarder cette vente, si l'offre était judaïque.

Je sais qu'en dernier résultat, les monts-de-piété ne feraient pas toujours le pair, mais c'est dans ce cas là que le solde : Boni social, serait le motif politique, déterminant pour l'Etat, d'intervenir et de liquider la perte.

Ne pas encourager la paresse par des secours directs, mais aider tous les nécessiteux par des institutions utiles et fraternelles, me paraît le but à atteindre.

La *mutualité*, quoi qu'on fasse, n'aura son point de rencontre certain, entre les trop faibles et les plus forts, que dans la loi d'impôt.

Certains economistes appelleront inconvénient cette mutualité s'exerçant par l'intermédiaire de la loi d'impôt; eh bien ! je soutiens que c'est là ce qui fait l'honneur de mon système et ce qui assurera son utilité.

CONGRÈS DU TRAVAIL,

Il n'y a qu'un congrès du travail tenu par les nations industrielles d'Europe qui puisse résoudre certaines questions importantes :

Celle, par exemple, de la quantité d'heures devant

---

(1) Le mont-de-piété d'Avignon, le plus ancien de France, il est vrai, ne fait payer que 4 p. 100 l'an. Ce résultat dit mieux que tous les éloges combien ont dû être sages et économes les diverses administrations qui ont géré cet établissement modèle.

composer une journée de travail, suivant la saison et la profession, suivant le sexe et l'âge.

Or, tant que cette question ne sera pas résolue *uniformément*, aucune nation ne pourra prendre généreusement l'initiative d'une amélioration quelconque dans ce sens, à moins d'éprouver une perte réelle dans son travail national.

Je n'entends point recommander à celle-ci ou à celle-là de renoncer à un des élémens qui la rendent supérieure aux nations concurrentes ; mais l'humanité pourrait recevoir d'un congrès la satisfaction que les philanthropes ne cessent pas de réclamer en ce qui concerne la journée d'un ouvrier, et les conditions sanitaires d'un atelier. L'uniformité légale replacerait chaque nation dans l'intégrité de ses avantages naturels.

Un congrès pourrait encore convenir que la découverte d'un procédé salubre, capable d'être substitué à un procédé pernicieux, profiterait à tous les travailleurs du monde, au moyen de sa divulgation et d'une indemnité payée à l'inventeur.

Lorsque les hommes affectionnaient la guerre par-dessus toute chose, ne savaient-ils pas perfectionner les moyens de s'entre-détruire ? Eh bien ! qu'ils apportent la même bonne volonté à vivre honorablement par le travail, et les ressources afflueront dans leurs mains avec une telle abondance, que la misère, parmi les travailleurs, ne sera plus qu'une exception, comme l'indiscipline dans nos armées.

Faire que cette exception ne soit en aucun cas la faute de la société ou de ses lois, c'est ôter à l'émeute son prétexte le plus vivace.

BAGNES ET PRISONS.

ÉCONOMIE INFAILLIBLE POUR L'ÉTAT.

Il est prouvé que l'ignorance fait commettre plus de

crimes que l'éducation, et qu'elle tombe plus souvent en récidive.

Il est prouvé que la misère est la cause de presque tous les vols.

L'ignorance et la misère sont deux filles du désœuvrement. — Supprimer cette dernière cause, c'est aller tout droit à l'économie des bagnes et des prisons. Bien plus, c'est faire promesse à la société que les libérés seront accessibles au repentir, et qu'ils inquiéteront moins nos cités où ils affluent tant.

DE LA RENTE.

Je suis un grand ignorant en matière de fonds publics et de bourse. Aussi ne dirai-je rien qui provienne de mon crû sur ce sujet.

Ce qui m'est allé le plus directement au sens, ce qui a obtenu de ma réflexion l'adhésion la plus complète, c'est la rente d'*un centime par jour*, imaginée par M. E. de Girardin, il y a quelques années, dans le but de démocratiser à la foi l'épargne, le crédit et l'établissement des chemins de fer.

On en a fait fi là haut !... Malgré ce dédain, je ne taris pas d'admiration devant cette idée si simple et si grande. — Je plante là mes colonnes d'Hercule.

INVENTEURS BREVETÉS.

Dans une société où règne l'antagonisme, la loi qui protège les inventeurs était une loi nécessaire, car sans elle la propriété, créée par l'intelligence dans ses procédés de travail, fût restée seule privée de son droit social au milieu de toutes les autres propriétés dont la loi accepte la protection.

Je ne viens pas proposer d'infirmer le droit reconnu à tout inventeur ; au contraire, je cherche le moyen de le féconder pour le plus grand profit de l'inventeur et de son invention. Voici un moyen que je crois propre à atteindre ce but.

L'inventeur breveté continuerait à avoir, comme à présent, le droit de rester le seul exploiteur de ses procédés, ou d'en céder l'usage à des conditions débattues.

Mais il aurait une faculté de plus ; ce serait celle d'autoriser le gouvernement à publier les voies et moyens constituant son invention, et à en offrir l'adoption par *qui voudrait* en France, moyennant déclaration préalable.

L'inventeur dicterait lui-même ses conditions ; il taxerait d'avance ses cessionnaires volontaires, à tant par an, ou à tant pour cent du bénéfice à résulter de la jouissance de son brevet.

L'État, par ses agens, ferait recouvrer les primes stipulées par l'inventeur, et les lui remettrait, moyennant un tant pour cent à verser en son nom à la caisse des travailleurs.

Le travailleur breveté se créerait de la sorte des céssionnaires en grand nombre, si son invention était bonne, et le travail national y gagnerait également.

Selon moi, le bénéfice se produirait en sens géométrique.

REMPLACEMENS MILITAIRES.

L'égalité républicaine paraît incompatible avec la faculté, reconnue précédemment aux conscrits, de se faire remplacer à leurs frais.

Ce privilége en faveur de la fortune, dans l'impôt du sang, révolte à bon droit le pauvre (1).

____

(1) Un excellent ouvrage, simplifiant et moralisant la question du remplacement militaire, a été publié par le docteur Bonafont, chirurgien en chef du 54e de ligne. Je le recommande à tous les esprits sérieux qui s'intéressent à cet important sujet.

Cependant il n'est pas indifférent, pour la question du travail, d'examiner si l'impossibilité absolue de se faire remplacer ne sera pas nuisible aux forces productives.

Je ne parlerai que d'un bon contre-maître, afin de fournir un exemple.

L'aptitude militaire se révèle fort abondante en France; elle puise toujours à une source de plusieurs centaines de mille hommes ;

Tandis que l'industrie est encore fort indigente sous ce rapport-là.

Un bon contre-maître est un grand fabricant en perspective, c'est-à-dire un général industriel en germe.

A vingt ans, c'est à peine s'il fait deviner son talent et s'il se soupçonne lui-même; mais enfin l'espérance qu'il donne lui fait trouver l'argent nécessaire pour son remplacement à l'armée.

A l'avenir, ce serait donc un homme que l'industrie serait condamnée à perdre, car six ou sept ans de service militaire équivalent à la perte industrielle d'un sujet capable.

Eh bien ! sans plus discourir, je proposerais un moyen qui concilierait tout.

Les conscrits entre eux formeraient une sorte de comité par canton.

L'homme, qui aurait le besoin ou le désir de se faire remp'acer, en demanderait l'autorisation au comité composé de ses pairs assemblés.

Ceux-ci pèseraient les motifs de leur camarade, dont ils seraient des juges plus compétens que tous autres. — S'il n'y avait que la fortune à alléguer, la réponse serait négative. — S'il y avait des motifs d'utilité publique ou des considérations respectables, la permission serait accordée.

L'exception subsisterait, et cependant le privilége serait mort.

Cet aperçu montre la supériorité de mon principe du Travail sur les droits toujours contestables de l'homme, pris dans un sens purement individuel.

Le Travail, principe, alimenté tous les droits, mais il les motive suffisamment pour chaque homme et en toute circonstance. C'est comme le jonc qui ondule, mais qui reste ferme.

CERTIFICATS D'INSCRIPTIONS IMMOBILIÈRES

OU

BONS HYPOTHÉCAIRES CIRCULANS.

Aucun titre en papier ne saurait entrer en concurrence avec l'argent, si d'abord il ne reposait pas sur une valeur sérieuse et débattue, et si ensuite il n'était pas limité avec une sorte d'avarice aux besoins de la circulation.

Je proposerais ce qu'on va lire pour assurer la sincérité de la valeur et pour lui gagner la foi publique.

Les certificats seraient de trois quantums fixes :

1° De 10,000 fr. circulant dans toute la France ;

2° De 1,000 fr. circulant dans le ressort de la cour d'appel ;

4° De 100 fr. circulant dans le département de l'immeuble.

Cette restriction à l'unité n'est proposée que pour familiariser graduellement les populations avec le titre-monnaie.

Les précautions à prendre correspondraient au quantum et à l'étendue de juridiction assignée au titre circulant.

Le titre serait transmis par endossement, sans autre garantie particulière que celle de sa véracité.

Ce premier concurrent à l'argent retiendrait l'argent

sur le marché, car l'argent n'est autant accessible à la peur qu'à cause de son isolement. L'argent n'est pas *patriote*; en cela est le grand danger de l'argent dans les momens de crise. Or, un titre hypothécaire serait patriote par essence; il rassurerait tous les autres intérêts.

Si l'on objecte que tout cela ne vaut pas l'argent, je répondrai qu'un objet de consommation, tel qu'une maison ou un champ à récoltes, vaut mieux que l'argent, ou sinon je dis que la propriété n'est qu'une illusion prête à tomber. Mais qu'on s'en persuade bien, la propriété ira s'affermissant à mesure que les mobilisations de valeurs feront concurrence à l'argent, parce que le travail ne s'arrêtera plus brusquement ni longtemps, et que les travailleurs affamés ne mettront plus la société elle-même en question.

On se vantera peut-être d'ici un an d'avoir fondé la République en évitant toute innovation monétaire; les populations, elles, n'oublieront jamais les horribles souffrances et les incalculables pertes que cette satisfaction d'amour-propre gouvernemental leur coûte depuis plusieurs mois.

DU TRAVAIL AUX COLONIES.

La question de l'esclavage est tranchée aujourd'hui, fort heureusement pour l'honneur de l'humanité, mais abominablement mal pour le travail. — L'équité elle-même aurait beaucoup à reprendre au système d'indemnité adopté par le gouvernement de la métropole. Mais c'est fait. Un petit aperçu rétrospectif et un conseil d'avenir sont tout ce que je puis songer à offrir, à la suite de l'émancipation des noirs.

J'ai vécu en Amérique; j'ai vu nos nègres aux colonies; mon opinion ne sera donc pas complétement dépourvue de toute sanité.

Eh bien ! dût-on me lapider, je dirai que, dans l'intérêt même des noirs, la liberté immédiate et intégrale n'était pas ce qui leur convenait le mieux ; l'affranchissement conditionnel et successif, l'affranchissement gagné au concours eût été de beaucoup préférable. Il y a vingt ans que je pense de la sorte.

Les noirs font partie de la grande famille humaine, de cette famille, reine de la terre, que Dieu a doué de la faculté de penser ; cela ne peut pas être contesté. — Mais faut-il en conclure rigoureusement que la nature des nègres soit d'un type absolument égal à la nature des blancs ? J'en doute fort. — L'histoire, la tradition, la marche et l'état actuel des peuples sont à consulter pour classer chacun d'eux dans la hiérarchie des races humaines. Les manifestations de l'intelligence, consistant en lois, en monumens littéraires et artistiques, en villes policées, en champs cultivés, en travaux utiles ou ingénieux, bref, en un état de civilisation avéré, sont les preuves humaines à fournir pour justifier sa place parmi les peuples. Or, je le demande, la race nègre a-t-elle une preuve de ce genre à nous présenter ?— Créée sans doute comme la race blanche, lorsque Dieu a voulu peupler notre planète, et au même instant, qu'a-t-elle fait dans son Afrique ? — Comment y a-t-elle vécu, inconnue de nous ? — Quelle forme sociale s'est-elle appliquée depuis que les blancs sont venus dans leur pays montrer des vaisseaux européens et les mille objets fabriqués par la main des travailleurs ? — Quel est, enfin, son état civilisé, même à présent ? — Je demanderai plus : qu'a-t-elle fait à St-Domingue du brillant héritage des blancs ?

Hélas ! la réponse n'a pas besoin de venir de moi ; les nègres eux-mêmes la feraient ; ils avoueraient leur infériorité relative, et les philosophes de leur couleur demanderaient pour la moralisation sociale de leurs frères, plus de temps et de patience que pour des blancs, peut-être même des procédés tout différens. . . . .

Quant aux premiers fruits de la liberté, abandonnés à la spontanéité des ci-devant esclaves, nous savions déjà quels ils sont, et nous allons le savoir encore davantage....

Mais c'est chose faite, ainsi que je l'ai dit.

Le seul but qui puisse avoir de l'intérêt aujourd'hui, c'est celui d'assurer la culture dans les colonies, parce qu'à ce but, tout matériel, mais immense, se lie d'une manière connexe celui de l'amélioration morale et intellectuelle des noirs.

Les moyens à prendre ne sont pas faciles ; cependant je me hasarderai à en proposer un ; il ne faut quelquefois qu'une éclaircie pour ouvrir tout un grand horizon. Je l'essayerai donc, qu'un plus heureux le fasse !

Se nourrir, se vêtir, se loger, sont choses nécessaires et coûteuses en Europe ; il faut travailler pour se les procurer ;—mais, sous les tropiques, le noir ne se dérangera jamais pour si peu. — Les bananes pendent aux bananiers, voilà pour l'alimentation. — Un mouchoir en ceinture, voilà pour l'habillement. — Quelques feuilles sèches, voilà pour le coucher. — On le voit, la nature s'est chargée de tout sous cet admirable ciel des Antilles.

Ce n'est donc pas dans les objets réputés de première nécessité que se trouvera l'aiguillon le plus puissant du travail chez les noirs. Toutefois, l'autorité devra en savoir tirer parti au nom de la pudeur publique ; mais c'est autre part qu'il faut chercher un remède contre les délaissemens de la paresse, c'est dans les goûts passionnés.

Je ne m'occuperai pas ici du mariage, de la paternité, etc. ; la religion fera plus sous ce rapport que la loi civile.

Mais je m'attacherais à ce que le nègre aime avec fureur : le tabac, les liqueurs, la danse !

Le tabac et les liqueurs seraient absolument prohibés pour le commerce libre ; l'autorité seule aurait le droit d'en vendre. Les blancs, j'en suis bien fâché, ne seraient pas exceptés de la loi désormais commune.

Ici commencerait un système, peu compatible, je l'avoue, avec le régime de liberté absolue ; mais à quoi s'accrocher ? Ce n'est pas par la théorie pure qu'on parvient à réprimer un excès nuisible, lorsqu'on a à expérimenter sur des natures incultes, en attendant que l'éducation et la persuasion aient rectifié leurs idées. L'émancipation était un besoin sacré en retard ; on en a fait une folie ; le génie français ne procède jamais autrement ! —Il faut cependant et de toute nécessité restaurer le travail aux colonies ; sans ça, les blancs, ruinés et épouvantés, s'en iront ; les noirs resteront maîtres de tout ; ils danseront, feront des orgies, et s'entretueront après avoir expulsé les mulâtres. Notre marine marchande, déjà si inférieure, verra pourrir ses navires. Un malheur incalculable sera le prix d'un bienfait mal administré.

Toutes ces digressions témoignent de mon embarras ; mais qu'on me le pardonne, la question est ardue.

L'autorité, donc, seule débitante du tabac et des liqueurs, y mettrait un prix très-élevé.

Elle prescrirait les lieux et les heures auxquels il serait permis de fumer et de boire des liqueurs en commun.

Une pénalité serait établie en concordance avec cette disposition légale.

Des récompenses seraient instituées pour les bons travailleurs.

Le comité des travailleurs userait de tout son ascendant.

Tout cela paraîtra bien puéril à des Européens ; mais c'est parce qu'ils ne savent pas que les nègres sont de grands enfans... plus terribles que des hommes.

Le *livret*, dont je ne me départis jamais, constaterait les autorisations, les infractions, les peines, les succès.

Ce livret serait un passeport, et un passeport serait nécessaire, non pas pour s'opposer à la locomotion, mais pour en établir les traces, jusqu'au rétablissement du travail.

En un mot, pour que ma pensée soit clairement comprise et que les détails d'exécution restent à mûrir plus sagement et en conséquence d'un principe, je dirai que le travail devrait être décrété *nécessité*, et que les habitans de toutes les couleurs devraient être astreints à y pourvoir. Cette tyrannie est sainte ; elle est l'hommage dû à Dieu, non moins qu'à notre nature.

La danse, tout ce qui, enfin, est un simple plaisir passionnant les créoles, pourrait être réglementé comme récompense d'un travail accompli.

Le principe des *droits du travail* apparaîtrait comme un sauveur aux colonies, s'il entre dans la constitution, car il abattrait d'un coup tous les sophismes.

La grande objection que je vois venir, c'est que force manquera à l'autorité pour se faire obéir. — Je n'ai rien à répliquer à cela, si ce n'est qu'alors nous devons faire notre deuil du travail aux colonies.

Au surplus, traiter les colonies comme la France, par des lois identiques, ne serait qu'une sanglante utopie et la plus amère dérision de la Propriété ; ce serait la désobéissance la plus coupable à cet ordre divin : « Tu travailleras à la sueur de ton front. »

MINIMUM DE SALAIRE EN ASSOCIATION.

Les hommes de toutes les opinions qui veulent sincèrement l'amélioration du sort des travailleurs tombent d'accord, que l'association qui réunit des co-partageans est un mode incomparablement supérieur à l'antagonisme qui salarie, pour arriver au but envié de rémunérer chacun selon son utilité.

J'ai déjà fait observer que l'association avait contre elle, au moment où je parle, le manque d'habitude, du côté de l'ouvrier journalier, même capable, et que cette habitude ne s'acquiert pas en un jour.—Je soutiens qu'il y a là toute une éducation à refaire, et que ce seul obstacle fera dépiter bien des philanthropes, et sera un dssolvant pour bien des associations commencées sous les plus heureux auspices. — Nonobstant toutes mes craintes, je n'engage pas moins tout le monde à persister dans la voie de l'association, que je crois bonne, très-bonne, mais à quoi je soupçonne une lenteur qui ne me permet pas d'attendre que le salut de notre époque vienne de là.

Au surplus, voici mon opinion sur le minimum de salaire.

On propose de fixer un minimum de salaire en faveur des ouvriers associés. Eh bien ! je crois que cette facilité même présentera des impasses fréquentes.

Si ce minimum ne suffit pas pour couvrir tous les frais d'existence de ces ouvriers, ils ne pourront pas s'en contenter, quels que soient les dividendes qu'ils auront en perspective dans l'inventaire prochain.

Et si le minimum correspond au salaire de la journée, tel qu'on le paie habituellement à d'autres ouvriers, dans des ateliers analogues, il en résultera avant peu un tel préjudice pour tous les autres associés, que l'association ne pourra pas être maintenue.

Bien entendu, je fais exception de ces opérations extrêmement rares où tout le monde se trouve avoir gagné, grâce à l'imprévu plus encore qu'à la conception ; — et je sous-entends la vie de famille *libre*, parce que la vie *en commun*, si avantageuse pour la bourse, ne passera peut-être jamais dans nos mœurs...

Mon avis, donc, est que toute association doit rester aléatoire, dans les pertes comme dans les bénéfices ;— que, si les bénéfices appartiennent à tous, dans des proportions convenues, il faut que les pertes se répartissent entre tous dans les mêmes proportions ; — que hors de cette règle, on se réunira à l'impulsion des meilleurs sentimens, mais qu'on se dispersera bientôt après, à la suite d'un conflit d'intérêt.

Puissé-je me tromper ! je le désire, car mon amour pour les travailleurs est d'aussi vieille date que ma raison ; d'ailleurs, que suis-je, sinon un des leurs ?

Ce qui peut nous consoler tous un peu, c'est que la caisse de prévoyance, dûment alimentée, aura pendant longtemps une grande efficacité, en ce qui touche l'amélioration du sort des ouvriers. — Cette caisse s'instituera quelque jour, infailliblement.

L'éducation et le temps feront davantage.

BASES D'IMPOT.

L'impôt représente la protection : protection contre les attaques du dehors, protection contre les désordres intérieurs.

Le budget acquitte les frais de cette protection, savoir :

En rentes et en retraites, pour solder une protection antérieure ;

En émolumens courans, pour rémunérer la protection présente.

Mais la protection correspond évidemment à l'intérêt qui a besoin d'être protégé.

Il ressort de là que ces frais de protection, même en l'absence de tout calcul, et *ipso facto*, sont nécessairement proportionnels à l'importance de chaque intérêt protégé, c'est-à-dire que la participation à l'impôt, pour être équitable, devrait être le remboursement exact que chaque intérêt viendrait faire à l'Etat, des frais qu'il dui a coûtés.

J'écarte de mon aperçu la dépense pour travaux publics, que le budget solde également, mais qui correspond à une jouissance ou à une utilité dont les riches et les pauvres profitent, sans distinction appréciable entre eux.

J'écarte aussi de mon aperçu l'impôt du sang, par respect pour l'amour que tout français porte à son pays, malgré les inégalités que les différences de fortune introduisent dans la position des conscrits.

Et je reviens à l'impôt de protection.

Cet impôt est-il bien reparti ? Il n'y a qu'une voix pour répondre non.

Il n'y aurait qu'une voix non plus pour demander de réduire à un impôt unique les impôts en nombre infini que chacun paie à l'Etat ; mais on prétend que cela est impossible. Moi, j'estime que non, et je me propose de démontrer, dans un autre opuscule, qu'il y a possibilité de ramener à deux seules contributions d'abord, et plus tard à une seule, tous les impôts tant directs qu'indirects.

Les sociétés arriveront à cette solution, j'en suis persuadé, et lorsque cela sera fait, cela paraîtra si simple et si juste, que nos enfans traiteront de barbares les étranges complications dans lesquelles leurs pères se seront débattus tant de temps.

Pour le moment, je demanderais que la formule génératrice de l'impôt direct fût celle-ci :

« L'impôt direct est dû par chacun proportionnelle-
» ment à l'intérêt de fortune qu'il a à se faire protéger
» par la loi. »

Je demanderais cette formule, ou toute autre de meilleure rédaction, dans le but d'inventorier légitimement toutes les propriétés, parmi lesquelles la propriété-argent

échappe à tout impôt, même extraordinaire et de circonstance, en violation du bon sens et de la justice.

N'est-il pas absurde qu'une grande nation qui se prétend civilisée, et qui aspire à rester honnête, ne se mette
pas en état de dresser son inventaire ?

UN IMPOT EXÉCRÉ.

L'exercice à domicile, pour l'impôt des boissons, est
impopulaire plus qu'aucun autre. On dirait que, en cela,
les populations ne font qu'un avec les débitans.

Supprimer l'exercice serait donc faire une bonne
chose ; mais supprimer les innombrables impôts ambu-
latoires qui courent sus aux liquides serait faire une
chose encore meilleure ; et cependant, il faut que le trésor ait son compte. Que proposer ?

Je proposerais de faire payer l'impôt sur la récolte
même.

L'impôt serait unique.

Les quantités de vin, correspondantes à la consommation du récolteur, de sa famille et de ses attachés, seraient exemptées et déduites du total à imposer.

Cet impôt serait de tant pour cent *ad valorem*. Il en
résulterait que, enfin, le vin consommé par le riche à
6 fr. la bouteille, paierait dans la proportion qui lui appartient, au lieu de ne payer, comme aujourd'hui, que
les quelques centimes qui frappent le vin consommé par
le pauvre, redevances qui sont fort lourdes pour ce dernier, trop légères pour son égal devant la loi. Ce serait
justice.

Mais, attendu que le producteur ne serait pas en position de s'acquitter sur-le-champ envers le fisc, un terme
lui serait accordé. Il ferait son billet à l'ordre de l'Etat.
— Un duplicata de ce billet accompagnerait le vin, et il
serait acquitté par l'acheteur, dont le récolteur resterait
toutefois responsable vis-à-vis du fisc.

Le terme à accorder devrait être calculé de manière à ne pas contraindre la vente. En tous cas, l'entrepôt national sauvegarderait le récolteur gêné.

Il pourrait être fait une certaine quantité de billets, lesquels accompagneraient les barriques jusqu'au moment où l'Administration remplacerait ce titre par un quitus et un certificat d'origine.

De la sorte encore, les villes pourraient taxer l'octroi dû par les vins, suivant l'estime faite du crû de provenance.

Je suis persuadé que les consommateurs riches ne seraient pas les derniers à accepter les conséquences de cet impôt, et que tout le monde s'y soumettrait avec l'empressement d'un esclave recevant son diplôme d'affranchissement.

Le récolteur et les marchands de vins fins seraient intéressés à ne pas augmenter la quantité du vin, tout le temps qu'ils resteraient débiteurs de l'Etat, et, plus tard, les marchands seraient contenus par la crainte d'affaiblir la qualité.

Au surplus, j'ai eu l'occasion de dire que toute fraude devait être réprimée sévèrement.

MONITEUR DU TRAVAIL.

Lorsque nos hommes d'état seront sortis de leurs premiers embarras et auront complété leur apprentissage républicain, nous devons espérer qu'ils feront cette réflexion : Que le budget de 1 500 millions est payé presque tout entier par les travailleurs, et qu'il est bien juste que les fonctionnaires songent un peu à ces braves gens qui les font vivre.

La première conséquence de cette réflexion sera qu'un appui financier doit être trouvé et mis à la disposition des travailleurs.

La deuxième, qu'une distraction intellectuelle, qui serait en même temps instructive pour eux, pourrait être créée, sans de grands frais, et leur serait une preuve de sympathie.

Je proposerais ce moyen :

Un Moniteur du travail, rédigé à Paris par des écrivains de bon sens, serait envoyé à chaque commune, hebdomadairement et gratis.

40,000 communes à 3 fr. par an occasionneraient une dépense de 120,000 fr. : mais 400,000 lecteurs au moins et peut-être même 4 millions d'auditeurs en profiteraient.

Cette feuille traiterait de l'agriculture et des arts manuels, en style très-simple, et contiendrait toujours quelque maxime capable de fortifier les citoyens dans leur amour du pays et des institutions républicaines.

Le journal serait lu à haute voix, le dimanche, dans la salle du comité des travailleurs, où le public devra toujours être admis.

Cette jouissance ne tarderait pas à être appréciée partout ; son effet moralisateur serait considérable.

LE DROIT AU TRAVAIL.

La plus grande de toutes les utopies (en 1848, du moins) c'est de croire que la société est assez riche pour reconnaître le *droit au travail* sous ce nom même, c'est-à-dire pour contracter la promesse de payer à vue ce billet au porteur, chaque fois qu'il se présentera. — Dix millions de billets par jour peut-être !...

Oui, la société est riche, mais elle est riche en raison de sa forme et sous cette forme. — Changez brusquement la forme, et puis vous verrez ce qu'est cette richesse qui vous paraît si grande. — Le seul riche, alors, sera celui qui possédera des alimens dont lui seul saura la cachette.

Moi, je dis que toutes les fortunes seraient gaspillées et englouties, dès la première année calamiteuse qui doit fatalement se présenter à la France, par cette formule de

droit au travail, privée de son contre-poids nécessaire ;
— je dis que le droit au travail frapperait à la porte plus
fortement que jamais, l'année suivante, mais cette fois
avec une fureur telle, que la désorganisation existante
n'offrirait tout au plus aux citoyens que l'horrible distraction de s'entre-tuer dans la rue.

Le chaos, et non pas le communisme, serait la suite
inévitable et peu éloignée de la proclamation du principe absolu du droit au travail.

Les explications ou réserves sous lesquelles les socialistes improvisés entendent comprimer l'exercice de ce
droit proclamé sont une soupape très-insuffisante pour
dompter son expansibilité ; — mais que faire au milieu
de ce tohubohu ? — Un observateur, un patriote, qui n'a
qu'une plume inexercée pour donner à sa pensée un
corps qui ne sortira peut-être pas de sa chambre, ne peut
que gémir de voir 900 représentans, les élus du suffrage
universel, se montrer tous si peu aguerris à la question
du travail, que les uns se rendent à discrétion devant
elle, les autres la défient avec une imprudence qui peut
tout perdre, et quelques autres enfin la font manœuvrer
avec des armes imaginaires, forgées en l'an 2,000.

Eh! messieurs, ravisez-vous donc! — Le travail fut
et sera la nécessité supérieure de tous les temps. — Le
Travail seul est maître, et nous autres hommes ne sommes tous que d'impertinens valets, butinant à cette heure
des faveurs nominales dépourvues de substance, lorsque notre devoir serait de travailler.

Reconnaissons d'abord le droit prédominant de ce
maître souverain, qui est un délégué de Dieu, capable à
tout instant de démolir les droits insensés que nous nous
serons arrogés. — Sachons servir ce maître comme il entend être servi, et au moment où il sent lui-même le
besoin de nous commander. A cette condition si facile,
lui, ce maître, appelé *Travail*, ne nous faillira jamais.

J'ai dit comment il fallait faire entrer le Travail dans la constitution.

J'ai dit aussi comment l'homme, travailleur individuel, et l'État, travailleur collectif, auront à se prévaloir mutuellement des droit du travail.

JUSTIFICATION VULGAIRE DE LA FORMULE.

DROITS DU TRAVAIL.

On dit : Droits de la famille,
        Droits de la conscience,
        Droits de la justice,
        Droits de la propriété,
        Droits de la guerre,

Et tout le monde comprend ; et pas un homme n'est embarrassé pour tirer les conséquences naturelles et nécessaires de chacun de ces principes, quand le besoin s'en fait sentir.

Dire aussi : Droits du travail, c'est accoupler des mots que tout le monde comprendra aussitôt dits.

C'est substituer une formule nette et avouée à un sous-entendu vague et arbitraire.

Dire droits du travail, nécessité sociale, c'est donner la forme accusée d'un drapeau, à une étoffe appelée Travail que chacun va découpant à sa guise, et le plus souvent si mal que bientôt l'étoffe elle-même n'existera plus qu'en lambeaux.

Somme toute, je crois l'avoir répété un assez grand nombre de fois : nécessité commande !

ALLOCUTION FINALE.

Je terminerai par une courte allocution :

Travailleurs ! dites-vous ceci :

Le travail est un levier que le travailleur doit mouvoir.

Mais à tout levier il faut son point d'appui.

Ce point d'appui c'est l'ordre.

Or, sans l'ordre pas de point d'appui.

Et sans le point d'appui, pas de levier qu'on puisse mouvoir.

Donc pas de travail sans l'ordre.

Riches ! réfléchissez !
Le bonheur social est en deux pièces :
L'une est votre fortune,
L'autre est le travail.
Il faut accoupler les deux ; sans ça tout croulera.

Républicains au Pouvoir ! résolvez !
Sans les travailleurs, que seriez-vous ? Les suspects de la monarchie.
Votre bien-être, donc, et votre renommée sont l'ouvrage des travailleurs.
Sachez enfin ranimer et constituer le travail,
Hors du travail point de salut !

A tous,
Plus de révolte, plus d'émigration ; pas de défi !
Concorde et désarmement !

FIN.

PARIS. — IMPRIMÉ PAR E. BRIERE, RUE SAINTE-ANNE, 55.

www.ingramcontent.com/pod-product-compliance
Lightning Source LLC
Chambersburg PA
CBHW061243060726
47596CB00002B/415